JN186202

気軽に始める学び合い

算数好きを増やす授業づくり

mori yusuke
森勇介

東洋館出版社

はじめに

算数好きの子どもを増やしたい――

これは、教師であれば誰でももっている強い願いです。

では、算数好きの子どもたちを増やしていくためには、どうすればよいでしょうか。方法はいろいろあると思いますが、まずは先生が「算数好き」になることでしょう。先生が算数好きならば、子どもたちも自然と算数が好きになります。

とは言え、小学校教師はいろいろな教科を指導しますので、「算数はちょっと苦手で…」という方もなかにはいるでしょう。もし、算数好きになるのが難しいと思うのであれば、「算数教育好き」を目指してみてはいかがでしょうか。「算数を教えること」「算数を学ばせること」を楽しめるようにするのです。

ややもすると、算数には「正解がある」「やり方を覚えればできる」と思われる側面があります。確かに、算数の問題の多くは正解がありますし、九九や公式など覚えなければいけないこともあります。

しかし、それらを意識するあまり、指導の幅を狭め、型どおりの授業になってしまうことがあります。現場でよくない指導といわれる「教え込み」です。

そのような授業だけでは、本来子どもたちに身に付けさせたい「考える力」を育てることができなくなってしまいます。何より、学ぶよさが伝わらず、算数好きの子どもを育てられません。

ですから、まずは**先生が意識を変え、「算数教育」に楽しく取り組めるようになること**を目指しましょう。

では、算数教育に楽しく取り組むには、どうすればよいでしょうか。

本書では、算数が専門の方もそうでない方も**「気軽に」取り組める工夫や考え方を提案しています。**

「気軽に」としたのは、先生方にとって「算数授業の改善」ができるだけ負担にならないといいなと思ったからです。

先生方と話していると、共通する大きな悩みが二つあります。

一つ目は、**忙しさ**です。

教師は、とても忙しい職業です。小学校では、国語、算数、理科、社会、体育……とたくさんの教科を指導するので、算数だけに特化して時間を割くのはなかなか難しい側面があります。

かくいう私も忙しい教師の1人。もちろん、算数以外の教科も教えています。もちろん、学級経営にも力を入れていますし、校務もこなしています。また、私の場合は他校へ講師として招かれたり、教育雑誌の編集にも携わっています。

さらに、仕事だけでなく、プライベートもあります。私には息子と娘がいるのですが、息子が所属する少年野球のコーチを務めています。加えて、最近は地域の自治会長も任されています。回覧板の作成やラジオ体操のインストラクターをしたりともう大変。ついでに言うと、我が家は共働きなので、息子の弁当も当番制で作っています…。

正直、**私もじっくり算数に向き合う時間をなかなか確保できないのが現状**です。そういう意味では、多くの先生方と同じ悩みを共有しているということになります。

先生方の中には、本当は算数の教材研究をしたいけれど、諸事情で時間を割くことができないため不安一杯で授業に臨む方、指導書片手に教室に入ってしまう方もいらっしゃるかもしれません。

しかし、**時間がないからといって、教材研究が不十分な状態が続いてよいわけはありません。**教師自身も不安でしょうし、なにより子どもたちがかわいそうです。


二つ目の悩みは、子どもたちの**学力差**です。

小学校は、誰もが通う学校です。様々な価値観、個性の集まりです。もちろん、多くの保護者は子どもたちのために労を惜しみませんが、やむを得ず学習の面倒までは見きれないという方もいます。地域格差、家庭環境の違いによって、学校の学習状況は大きく変わってきます。

そのため、先生からすると、どうしても「できない子をなんとかする」という気持ちになってしまいます。**算数で大切な考え方を育てるよりも、「まずは計算をなんとかしよう」「なんとか教科書の内容をこなそう」ということに必死になってしまうのです。**特に算数が得意でない先生に、そういった傾向が多く見受けられます。

しかし、前述したそのような教え込みの授業ばかりをしていると、子どもたちは算数を楽しめず心が離れていってしまいます。算数が苦手な子も得意な子も、どちらも大切に育てあげなくてはいけません。

忙しさと学力差については、私もどのように乗り越えていけばいいのか、常に考えてきました。そして、これらの悩みを抱えながらも何ができるのかを模索してきました。

もちろん、悩みはこれだけではありません。もう一歩進んだ悩みも出てきます。**「子どもが目を輝かせるような算数の授業をするにはどうすればよいか」「子どもが考えることを楽しめるようにするにはどうすればよいのか」**といった、質の高い算数教育においての悩みです。

本書は、そういった悩みを踏まえた上で、私が実践してきたことを紹介しています。**ちょっとした工夫で「授業が変わる」「子どもがその気になる」「算数がおもしろくなる」コツ**を私なりに提案できればいいなと思っています。

私は、先生方がもっと算数の授業を楽しめれば、授業はもっとおもしろくなるし、算数好きの子どもたちが増えると思っています。

好きこそものの上手なれ。

小学校は、学問の入り口。まずは、好きにさせてあげることが、私たちの大切な仕事です。

もっと「算数を教えること」を楽しんで、算数好きの子どもたちを日本中に増やしましょう！

本書が、少しでも皆さんの授業づくりのヒントになれば、幸いです。

気軽に始める「学び合い」

算数好きを増やす授業づくり

目次

第3章 学び合いを充実させる授業づくり

第1章 忙しくても気軽にできる授業づくり

子どもが間違っていたときはどうする？

突然ですが、皆さんは、子どもが左ページのような筆算形式をノートに書いていたらどうしますか。

授業は3年生のわり算の筆算。筆算形式を学習した後の授業で出した復習問題です。子どもたちには、69÷3を提示して「さあ、どうやって解くんだったかな。自分のノートに書いてみよう」と言います。そして、机間指導しているときに、前述した形式で解こうとしている子に遭遇したとします。

いかがでしょうか。

「違うでしょう。わり算の筆算はこうするんだったでしょう」と、すぐに間違いを指摘して正解を教えてしまってはいませんか。

それでは、ちょっともったいない。なぜかというと、先生が答えを教えてしまうことで、自分で気付けなかった子どもの技能の評価はその時点で△になってしまうからです。

$$69 \div 3$$

⇩

$$\begin{array}{r} 69 \\ \div \quad 3 \\ \hline 23 \end{array}$$

では、一つ上のレベルになると、どういう指導になるでしょうか。「違うよね」と指摘はするけれど、「前のノートを見てごらん」と、子ども自身に学習したことを振り返らせます。

こうすると、子どもに対する評価が変わってきます。最初は間違った筆算を書いていたので△でしたが、先生の助言があったにせよ、自力で修正できれば○になります。

最初の指導では、子どもの評価はずっと△のままですが、**指導を工夫すれば△から○へと評価を上げることができる**わけです。

さらに、もう一つ上の指導もあります。「間違っているな」と思っても、一旦通り過ぎるのです。すぐに間違いを指摘するのではなく、子ども自身が間違いに気付く時間を取ってあげるわけです。

この場合は、教室を一周してから再度見にいきます。まだ間違いに気付いていなければ、声をかけます。もし、修正していれば「あれ、さっきは違っていたけど変えたんだね。どうして?」と尋ねます。

「前のノートを見たから」といった答えが返ってきたらしめたもの。「よくできたね。算数って、前のことを思い出したりすることが大事なんだね」と価値付けられます。もちろん、評価も◯です。算数的な態度がばっちり育っています。

このような指導ができれば、まずは十分。

でも、指導のレベルでいうと、私はさらに一つ上があると考えています。

それは、**子どもの間違いをいかして学習の素材にする指導**。

つまり、授業で扱ってしまうのです。

「さっき、皆のノートを見ていたら、こんなふうに書いている子がいたよ」と、間違った筆算を板書します。

「これを書いてしまった気持ちがわかるかな?」

そうやって皆で考えていくわけです。

私のクラスでは、間違えることもわからないことも恥ずかしいことではないという価値観を育てているので、私は堂々と間違いを取り上げています。

子どもたちからは、「たし算やひき算、かけ算が同じだから、わり算もそう思ったんじゃないかな」といった意見が出ます。

「確かに。算数では前に習ったことを使うといいよと言っているから、こうなったんだね」

そう言って、私は間違えた子と理由を挙げた子を褒めてあげます。

ここで必ず、「じゃあ、どうしてわり算だけ、筆算の形が違うのかな?」と問いが生まれます。改めてわり算の学び直しをすることができるのです。

一人ひとりの学習を皆の学習に変える。これが**学び合い**だと私は思っています。わり算だけ筆算の形式が違うというのは、一度皆で立ち止まって考えたいことです。しかし、授業時数などを考えるとつい教え込んでしまいがち。ですから、こうして**間違えた子が現れたら、大チャンスだと思って取り上げるといい。**

問題を見るとおわかりですが、69÷3はかけ算式の筆算でも解けます。一の位は9÷3=3、十の位は6÷3=2で、答えは23と出せます。

子どもたちも「解けるよ。大発見だ!」とはしゃぎ出します。しかし、これで終わるのはさすがにまずい。

そこで、私は待ちます。何を?

「他の数字でも試したい」と言い出す子を、です。

私は普段から**「算数では、必ず他の数字でもできるかどうかを考えなくてはいけない」**

わり算できる！
69
÷ 3
23
6÷3　9÷3
ホントだ！
え？

ということを伝えています。いわゆる「発展的な見方」や「一般化の考え方」です。その解法が、違う場面でも成り立つかどうか。算数では、それを試すことが大切です。

もし、「他の数で試したい」と言う子が現れたら、その子は算数の関心・意欲・態度が高い子だと評価できます。

先生によっては、元気よく手を挙げて発表する子を評価するかもしれませんが、本当に評価すべきは、**算数に必要な「数学的な考え方・態度」をもって授業に臨んでいるかどうかです。**

69÷3は、かけ算の形式でも解けますが、他の数で試すと必ず無理が出てきます。それに、わり算というのは、できるだけ大きな数から分けていった方が楽。69円を3人で分けると考えたときに、全部1円玉にして分ける方法と、10円玉を6枚に分けてから1円玉に入る方法を比べると、よくわかるでしょう。

そうやって、一人の間違いを皆で共有して、算数の授業にしていく。なかなか大変ですが、指導一つで授業は変わってくるのです。

69÷3

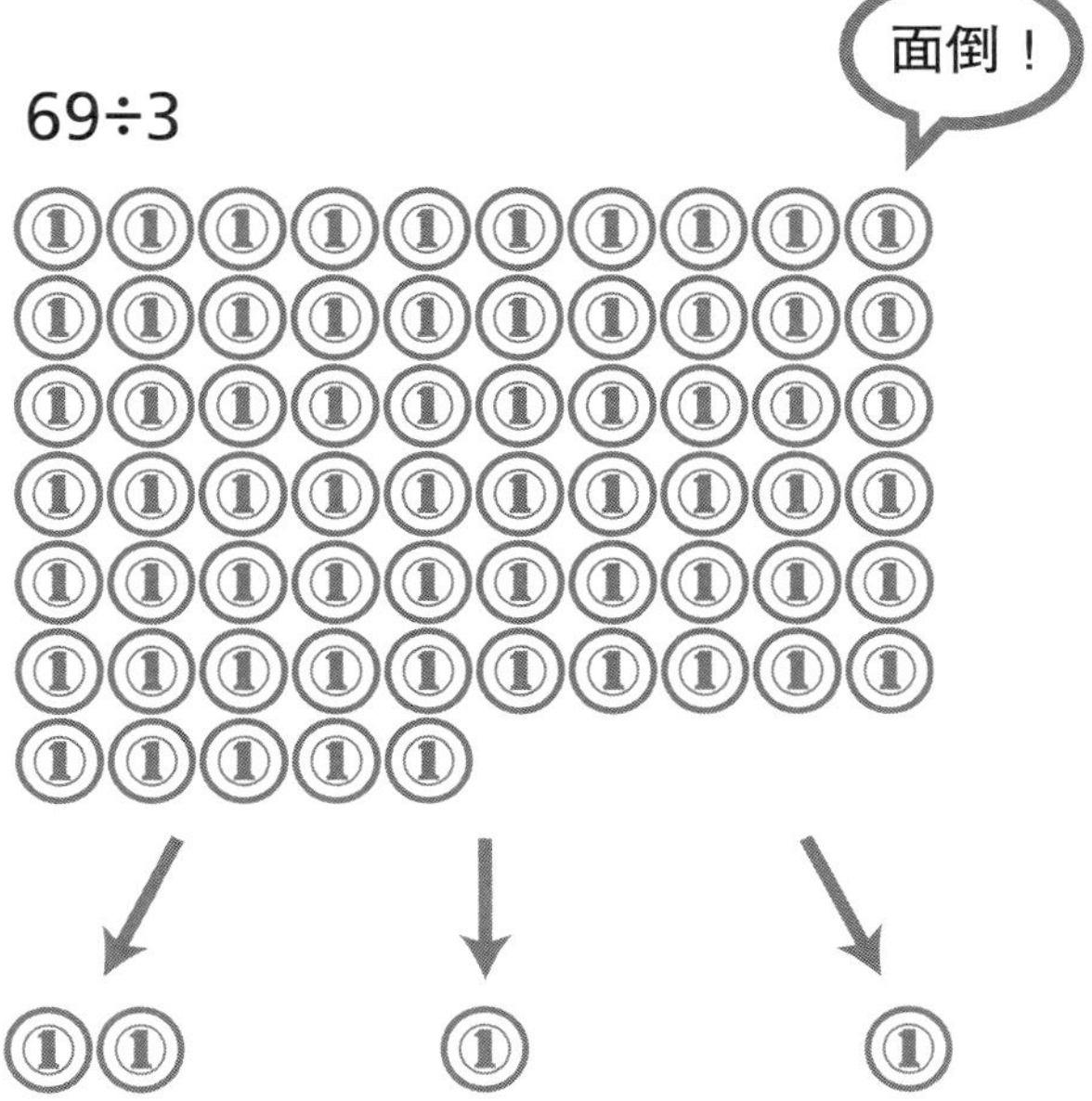

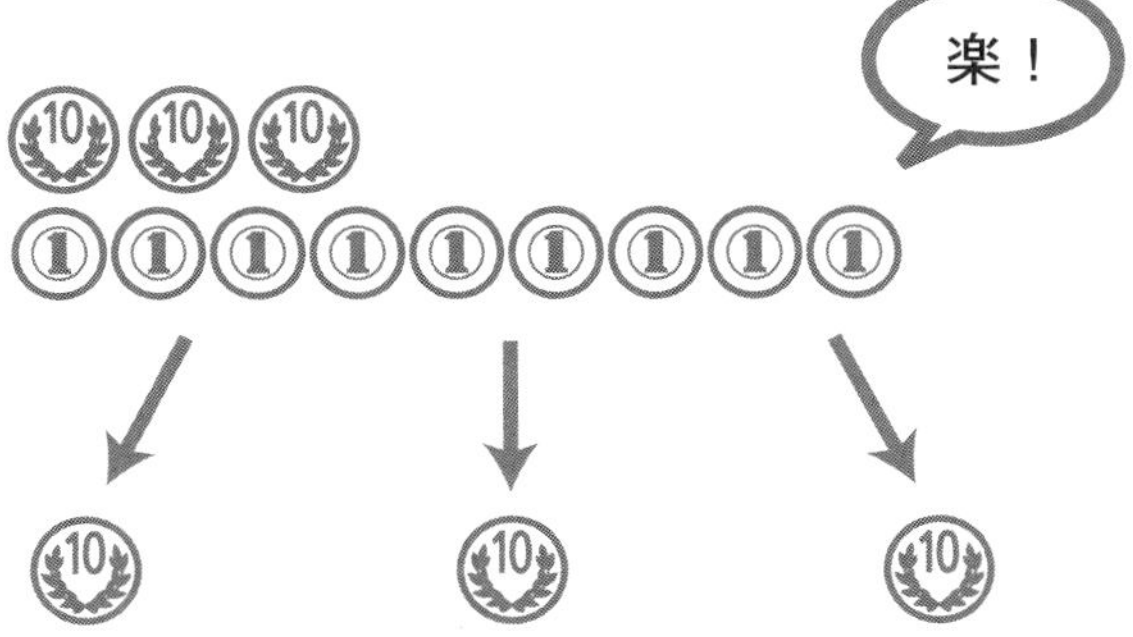

授業をおもしろくするには「ねらい」が大切

「算数の授業をもっと楽しくしたいのですが、どうしたらいいでしょうか」
「森先生は、普段はどんな授業をされているのですか？」

若い先生からよく聞かれる質問です。

私の授業は、とてもオーソドックスです。教材も、授業開きなど特別なとき以外は教科書しか使いませんし、問題提示、自力解決、協働思考、まとめ…といわゆる問題解決型で進めています。

ただし、ただ形式的に授業をしているわけではありません。**子どもが自身の中で浮かび上がるような問いをもたせる提示の工夫や、皆が学び合えるような授業展開の工夫など、いろいろと試行錯誤しながらやっています。**前述した69÷3などは、その一例です。

実は若い頃の私は、教科書の問題をほとんど取り扱っていませんでした。「教科書に載っていないおもしろい教材を使おう」と意気込んで、大学の図書館に足繁く通っては古今東西のおもしろい教材を探してばかりいました。

おもしろい教材は、子どもたちが積極的に発言しますので、授業がとても盛り上がります。ですから、「この教材は、おもしろそうだ」と思ったら、積極的に使ってみるのも一つの手です。

ただ、おもしろい教材を使うと、問題を解決するだけに終始してしまい、次に繋げられないことがよくあります。算数の系統性を無視しがちで、結果的に授業でのねらいがぼやけてしまうのです。いわゆる「打ち上げ花火」で終わってしまいます。算数は系統性が大切。1つの授業を点で終わらせないで、点と点を結ぶ線になっていないといけません。

そこで、ある時期から「教科書で授業をおもしろくしよう」と考えを改めました。それ以来、教科書の問題を基本に授業を進めるようにしています。

授業をおもしろくするには、「ねらい」が大切だと私は思っています。

ねらいがしっかりしていれば、どんな教材でも授業をおもしろくできます。そして、ねらいをしっかりするためには、系統をきちんと考えて作られた教科書を使うのが一番の近道。あとは、どのような問題提示、展開にしていくかです。

私は、あまり授業中に教科書を開くことはありません。**使用する問題は、教科書に掲載されているものですが、授業ではそれを私なりの方法で、提示や展開をアレンジしています。**

問題提示の仕方は、多種多様です。巻物を用意したり、絵や写真を出したり、ゲーム性をもたせたり、問題文をあえて間違えたり…。

それこそ、子どもたちとの関係性がよければ、ちょっとした会話だけでも盛り上げられます。

「いやあ、今日の問題は、普段の生活でよく起きることなんだけど…」と言いながら、「$\frac{1}{4}$dLで$\frac{2}{5}\mathrm{m}^2$の板を塗れるペンキが…」と問題文を出す。すかさず、「そんな問題は起きないよ！」と子どもたちからツッコミが。

こんな他愛のないやり取りだけでも、授業の雰囲気はよくなります。

教科書を開かずに授業を進めると、子どもたちもドキドキワクワクしながら問題に取り組めますし、考え方もたくさん出てきます。逆に、教科書に掲載されている考え方が出てこないときは、「教科書に載っている考え方は、まだ出てきていないな」と言えば、子どもたちは刺激を受けて必死になって考えたりします。

教科書を上手に使うことで、考える力を育成することが大切です。

授業を作るときの流れ1

「授業はおしりから作る！」

指導書・指導要領を読み込む

各時間の目標（ねらい）を時間ごとに並べてみる

→単元全体として正誤性がなくならないように

ねらい（目標）＝評価ととらえる

授業の最後に子どもが「まとめ」として言う言葉を想定する

→評価の観点を子どもの言葉に置き換える。板書の右下に書いてみる

子どもの「まとめ」を引き出すための課題を設定する

→工夫のしどころ！　板書の左上に書いてみる

子どもの反応や発問を検討する

まとめ

「共通する考えは何だろう?」の発問でまとめに繋げる。「共通する考え」という発問が難しければ、今日の学習で「わかったことは?」「大切なことは?」でもよい。発表が終わってから、「いろいろな考え方が出たね」でまとめず、「問い」に対する回答になるとよい。

確認問題(評価)

理解を試す(評価する)時間。

教科書の練習問題を1問でも取り組むことで、本当にわかっているのかを確認する。理解を評価することも目的だが、子どもにとっては、学んだことを使えた喜びを実感することが、算数の学びを楽しむ姿勢に繋がる。並んで丸つけ、友達同士で丸つけ、教師が回って丸つけなど時間と実態に合わせて取り組む。

教科書の練習問題をすべてやる時間が確保できない場合、やっておきたい問題を教科書にある問題から1～2問選んでおくとよい(授業時間内に無理にすべてをやる必要はない。残りは、家庭学習や単元のまとめで)。

板書例

板書では、課題が左上で問いを囲う、まとめは右下と、だいたいの位置を決めておくと、子どもにとっても授業の流れに見通しを立てやすい。

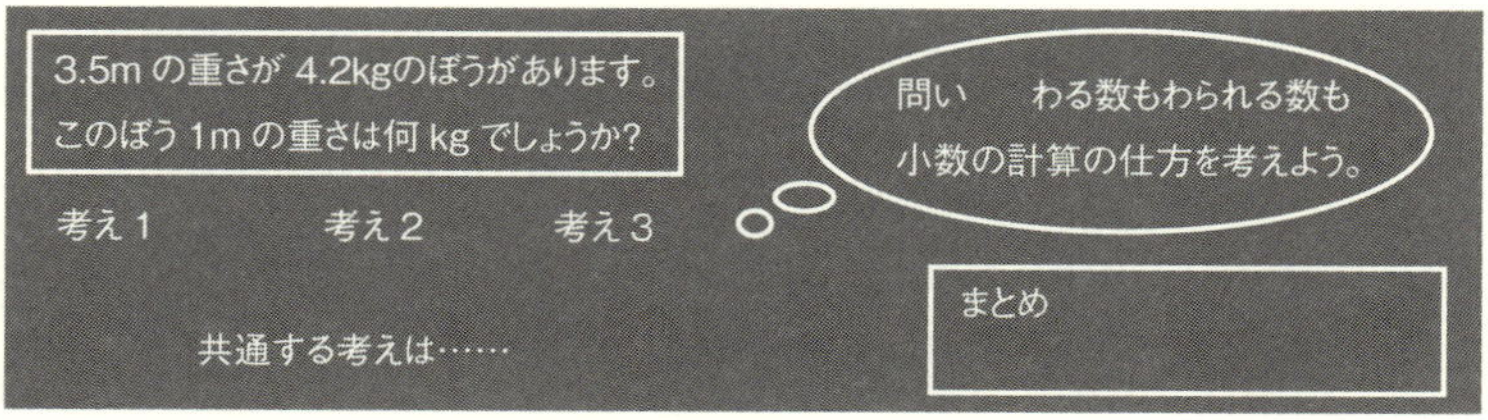

授業を作るときの流れ2

課題→問い→自力思考→練り上げ（集団思考）→まとめ→確認問題（評価）

課題

教師が本時のねらいに合わせた内容を提示。
教科書の☆の問題文をそのまま使うのが効果的
（☆には必ず新しい学習内容が入っている）

問い

今日皆で考えていく問題点を明らかにする。
☆の課題を見て「前の学習と違うところはどこだろう?」
「はじめて学習することは何かな?」などの発問で、前時の学習との違いを明確にする。

自力思考

子どもが自分で考える時間。

ここで解決できないからといって、慌てる必要はない。次の「練り上げ」の活動で学び合うための土台であると考える。全員が解決できるまで待っていると時間もかかり過ぎるし、「練り上げ」で学び合う目的意識も薄れる。途中でも、決めた時間で切る。目安は、5分から10分。教師は机間指導を通じて、子どもの考えを読み取りながら、練り上げで取り上げる考え方を3つ程度見つけておく。

練り上げ（集団思考）

皆で学び合う時間。

わからなかった子がわかるようになったり、わかっている子の説明する力がついたり、考えを結び付ける楽しさを感じ取ったりする。まずは、「説明会」という意識から始める。わかりにくいところをお互いに補ったり、他の子に説明の続きを言わせたりしながら考えを理解できるようにする。

「指導内容」は一生もの

私は算数の授業づくりを考える上で、次の二つの軸が大切だと思っています。

一つは「指導内容」、もう一つは「指導方法」です。

前者は「何を」教えるかで、後者は「どうやって」教えるかです。

この二つがはっきりしていれば、「教材研究と言われても何をどうすれば…」と悩まれている方も、多少はスッキリした見通しがもてるのではないでしょうか。

「指導内容」で重視すべきことは、**「何を教えるのか」を全体を通して考えてみること**です。

よく言われていることですが、算数は「系統性がとても強い」教科です。そこが国語などとは異なる点です。例えば、国語では1年生で覚えていない漢字があるからといって、2年生で習う漢字が読めないわけではありません。覚えてしまえば、どんな難しい漢字でも読めるでしょう。

授業づくりの2つの軸

■指導内容

「何を教えるのか」を全体を通して考える

⇩

変化しないのがよさ

■指導方法

「どうやって教えるのか」を常に考える

⇩

変化が命

しかし、算数ではそうはいきません。1年生で学習したことが身に付いていなければ、2年生の問題を解くことはできません。計算がよい例です。**2年生で九九を覚えていなければ、3年生のわり算でとても苦労します。**

先日、娘に「使い終わったノートを貸して」と頼みました。自分の授業でちょっと紹介しようと思ったのです。

そうしたら娘に「終わったノートも学校にもっていくからダ～メ」とあっさり断られてしまいました。授業でわからないことがあったら、前のノートを見直すのだそうです。それくらい、算数では「前に習ったことが次にいかせる」教科なのです。

私のクラスでも子どもたちには、書き終わったノートを大切にするように指導しています。1冊のノートを書き終えたら、新しいノートと一緒にテープで貼りつける工夫をすることもあります。

かわいいテープを用意してあげると、子どもたちも喜んでノートを貼ります。これで自然に授業を振り返る習慣が身に付きます。

このように書くと、「系統性が強いから算数の指導は難しいんだ」と感じる先生がいるかもしれません。確かに、系統性を理解していなければ、場当たり的な授業展開になりがちです。しかし、裏を返せば、**一度系統性を理解してしまうと、これほど簡単な教科はないともいえます。**

当たり前ですが、算数の指導内容はほとんど変わることはありません。わり算の意味がある日を境に根本から変わってしまうなんてことはないでしょう。わり算は、明治時代の終わりからずっとわり算のまま。その意味は変わりません。単元がちょっと入れ替わることはあっても、指導内容自体はほとんど変化がないのです。

ですから、**全学年の算数の指導内容を一度じっくり勉強しておけば、それは退職するまでずっと使えます。**学年を通して「何を、いつ、どうやって勉強するのか」を知っていれば、授業前日にあたふたすることは少なくなります。

では、いつ勉強すればいいのでしょうか。

先生はただでさえ時間に追われています。ですから、**夏休みや春休みなどを利用するといい。**

休みを潰して勉強…というのは気が引けるかもしれませんが、一度だけでいいのです。一度学んでおけば、見えてくる世界が変わってきます。

「何をどう勉強すればいいのか」ということについては、まずは学習指導要領に目を通すのが一般的です。指導要領には、指導内容がすべて書かれています。これをベースに、わからない部分があれば、『算数用語辞典』で補足するといいでしょう。

しかし、算数を専門にしていない先生方の中には、「指導要領を読み通すのは大変だ」という方がいるかもしれません。

そういった方々にオススメなのは、教科書を読むことです。といっても、自分の担当学年だけ読むのではありません。**全学年の教科書を並べて読むのです。**

教科書の内容は、具体的でかつ簡単に読めます。そして、並べて読めば、内容の系統も見えてきます。2年生で学んだかけ算が、次にどこへ繋がっていくのか。四角形の学習は、どう発展していくのか…。

教科書で注目していただきたいのは、キャラクターの台詞。教科書には、キャラクターが登場していろいろなことを呟いています。その吹き出しには、その単元で一番大事な数学的な考え方などが潜んでいます。それを読んでいくだけでも教材研究は十分ではないかと思います。

今だけでなく、先を見据えて教科書を読む。それが、算数における教材研究の第一歩ではないでしょうか。

「指導方法」は変化が命

「指導内容」は、ある程度まとまった時間を確保して一度じっくり勉強すれば、ずっと使えるようになります。

しかし、「指導方法」はそう簡単にはいきません。

子どもは毎年変わります。それどころか、同じ子でも体調や気分によって、毎日、毎時間変わります。1時間目と6時間目の授業で子どもの意欲が違うことはしょっちゅうです。ちょっとしたきっかけで機嫌がよくなったり、悪くなったり…。

そして、それが授業態度に直結します。これはどんな先生でも経験したことがあるのではないでしょうか。ある授業で子どもの反応がよかった方法でも、別の時間に試すと全く反応しないなんてことはよくあります。

しかし、それは先生が気付かないだけで、発問の仕方がちょっと違っていたのかもしれません。それくらい、ちょっとしたことで子どもたちの反応は変わってきます。

子どもが変われば、授業も変えなければいけません。そう考えると、**指導方法は常に変化していくものといえます。**ですから、先生は子どもに合わせて指導を変化させていく「アレンジ力」が必要となってきます。

私はこれを「指導アレンジ力」と呼んでいます。

アレンジ力のない先生は大変です。10年間、20年間ずっと同じ型の指導を続けることになり、子どもの変化に対応できなくなります。そして、授業がうまくいかなくなると、それを子どものせいにしてしまいます。それでは、プロの教師とはいえません。

では、どうすれば指導アレンジ力を身に付けられるのでしょうか。

まずは、意識を変えていくことから始めます。

例えば、授業のときに立つ位置。子どもが発表しているとき、多くの先生は教卓付近に立っています。子どもも先生に向かって発表しようとするので、どうしても先生と子どもが一対一の関係になりやすい。その子の席が前の方だと尚更です。そうなると、他の子どもたちは授業に参加しにくい感じになります。

そこで、先生が教室の後ろに行ってみるとどうでしょうか。子どもはやはり先生に向かって発表しようとしますが、他の子どもの顔も見えるようになるので、声が少し大きく

なります。クラス全体を意識して発表するようになるわけです。

私の場合は、これをさらにアレンジして、発表している子を見ないようにしてみました。聞いている子の顔や反応に注目したのです。すると、様々な反応を見ることができます。首を傾げている子、頷いている子、ノートにメモを取っている子…。

子どもたちの反応に合わせて、私は彼らに尋ねます。

「今、なんで首を傾げたの？」

「○○君の言っていること、本当にわかる？」

「大きく頷いたよね。どこでわかったの？」

そうやって、**発表していない子の声なき声をいかして、クラス全体を巻き込んだ授業にしていくわけです。**

はじめは立つ位置。次に、視線。授業を盛り上げるにはどうしたらいいかと考えながら、ちょっとずつアレンジしてみる。そうすると、自然と授業と指導法が変わってきます。

子どもが帰ってから、どうしたらよいか机上で考えるのではなく、目の前の子どもと向き合いながら「指導方法」をアレンジして試す。先生は忙しいのですから、授業中に力をつけていくといいのではないでしょうか。

課題提示もアレンジ一つでおもしろくなる！

授業の中でアレンジするのは、立つ位置だけではありません。

他にも、課題提示についても考えてみましょう。

算数の授業では、はじめに課題を板書することが多いと思います。私も同じで、最初に板書をすることで子どもたちと課題を共有するようにしていました。

しかし先日、ある公開授業で目にした課題提示は、ちょっと違っていました。**その先生は、「先生よりも早くノートに書いてね」と指示した後、口頭で課題を伝え始めたのです。**

「1m96円のリボンがあります…」

そして、頃合いを見計らって先生は板書していきます。子どもたちは「先生より早く書く」ように言われているので、必死でノートに問題を書いています。もたもたしていたり、ぼうっとしている子は一人もいません。

子どもたちの姿を見て、私は「これはいいな」と思いました。早速、自分の授業でも試してみよう、と。ただ、そのまま真似をするのではなく、目の前の子どもたちに合わせて、ちょっとアレンジを加えました。

私が加えたアレンジは、問題を板書しなかったこと。後で板書をすることがわかっていると、集中力が切れる子がいるかもしれません。そこで、子どもたちには、耳から入る情報しか与えないようにしたわけです。子どもたちは、先生の言葉を一言一句聞き逃してはいけないと、必死で書き取っていました。

その後、私はさらにアレンジを加えることにしました。先生が問題文を読むのではなく、**子どもに読んでもらうことにしたのです。**

問題文を読む役には、発表が苦手な子を指名しました。その子は、頭の回転は速いのですが、説明が一方的で言いたいことを上手に伝えられないことがありました。ですから、その子には口頭で問題文を読ませることを通して、相手意識を養おうと思ったのです。

はっきりと発声できているか、声量は十分か、読み上げる言葉のスピードは適切か…。聞いている子どもたちに合わせて、皆を見渡しながら話すことができるかの練習です。

実際、その子にとってこの方法はうまくいきました。相手を意識しながら読むことで、話すペースを掴めるにようになったのです。

授業を見合うことで指導力を高める

他の先生がやっていていいと思ったことは、素直に取り入れるといいでしょう。ただし、すべてを真似するのではなく、目の前の子どもに合わせてアレンジすることを忘れないでください。

このように、意識を少し変えるだけで、指導方法の研究ができるようになります。しかも、この方法は算数の時間だけとは限りません。他教科も含めて、**毎日の5〜6時間の授業中に、いろいろ試すことができます。**

授業というのは、なかなかうまくいくものではありません。私もガッツポーズができるぐらい「いい授業だったな」と思えるのは、1年に1回あるかないか。しかし、だからこそ日々指導法を改善して手を変え品を変えて、自分を高めていかなければいけないと思っています。

私もだいぶ年齢を重ねてきましたが、年々子どもとの距離が離れていくように感じます。

ずっと同じ方法で子どもに接していては絶対によくありません。自分の指導方法を変える力が必要です。

そういう意味では、人間は一人では変化しづらいですから、仲間の先生と協力し合ってもいいかもしれません。

私が勤務する学校では、**「授業を見合おう月間」というのを作っています。**「いつでも、どこの教室に入って誰の授業を見てもいいよ」という期間です。

これは緊張します。一人でも先生が見にきていれば、研究授業をやっているのと同じくらいの緊張感です。ただし、研究授業ではお互いにいいものを見せ合おうとするけれども、「授業を見合おう月間」では**日頃の困り感もさらけ出されます。**

「後ろの席の子が途中から飽きてきてましたよ」

「あの子は理解できなかったんじゃないですかね」

お互いの授業を向上させるために、あえて辛辣な意見も出てくるでしょう。

しかし、そういう部分を見せ合っていかないと授業は変わりません。そして、お互いにどうしたらいいかアイデアを出し合って高めていくのです。指導内容は滅多なことでは変わりませんが、**指導方法は変化が命**です。

常にいろいろと試す必要があります。それに、仲間と切磋琢磨しながらやれば、指導方法を考えるのも楽しくなるのではないでしょうか。

月7日
算プリ

第2章 算数の楽しさを取り入れた授業づくり

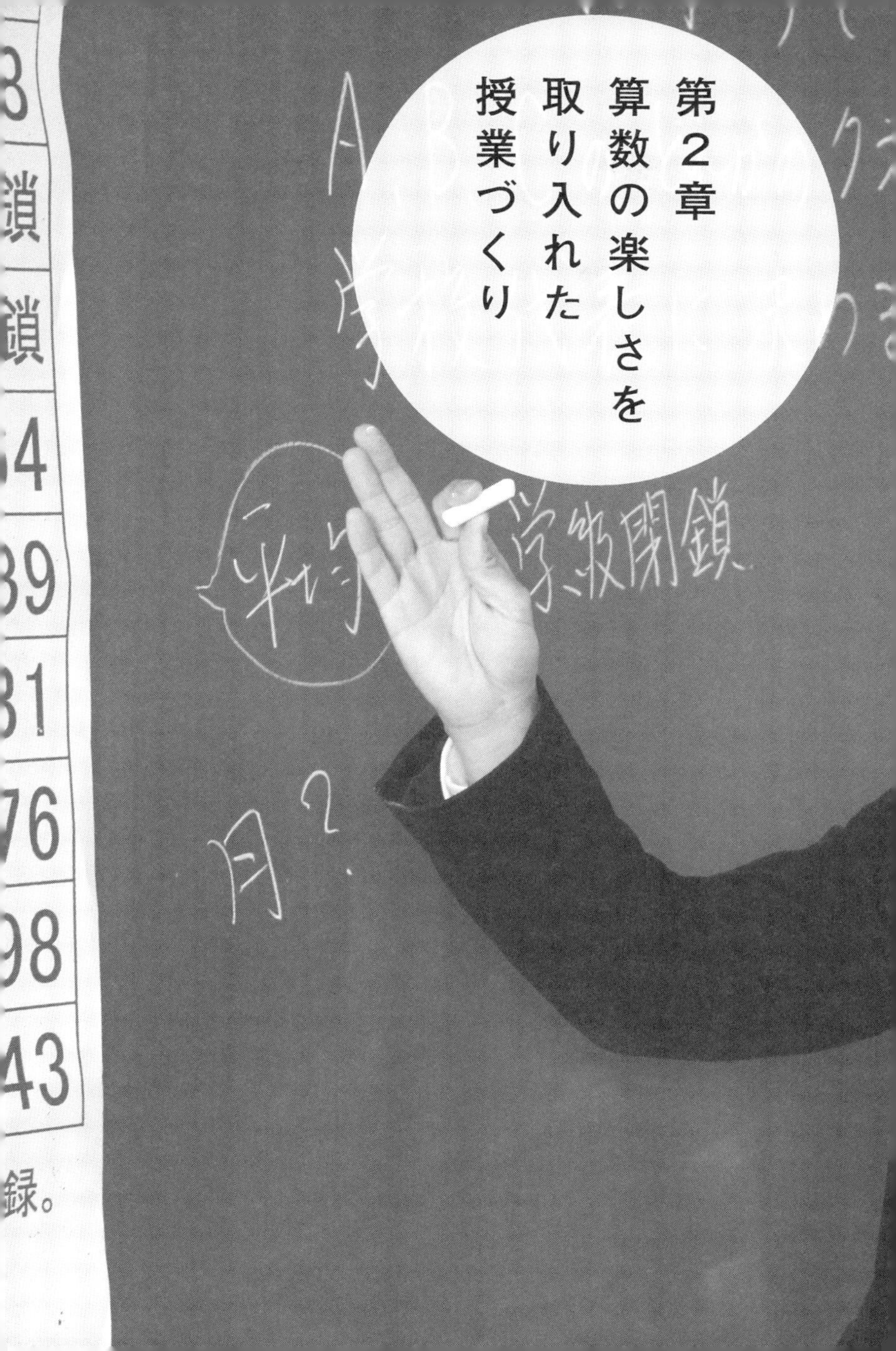

わからない子がいるとラッキーと思おう

4月――。学級開きで行う最初の算数の授業。

ここで私は、いつも楽しみにしている質問があります。

それは「九九が言えない人はいますか」という質問。

皆さんは3年生以上のクラスを受け持つことになって、九九が言えない子がいるとわかったらどう思いますか。たいていの先生は「まいったな」とか「どうしよう」と思うのではないでしょうか。「大変な子を抱えちゃったな」と。

私の場合は逆です。私は「ラッキー！」と思うようにしています。そして、**子どもたちには「先生は九九が言えない人がいると、わくわくするんだよ」と言います。**私は「教師は教えるために存在している」と考えているので、できない子がいた方がやり甲斐を感じるのです。

九九ができるという子の中にも、実は「隠れ九九ができない子」という存在があります。

九九が言えない人は？
はい

これは、「7の段だけ言えない」といった子たちです。7の段は、子どもたちが一番苦手にしています。学級開きで、（今年はたくさんいると嬉しいな！「7の段に自信がない」のような隠れ九九が言えない子も含めて）「九九が言えない子は？」という聞き方をすると、**5年生でも1クラスで嬉しそうな顔をして（笑）、数人の手が挙がります。**

私は手を挙げてくれた子たちと握手をして「ありがとう。先生、やり甲斐が出てきたよ。1年後には絶対九九が言えるようになるし、算数を好きにさせてあげるから」と言います。

その代わり、子どもたちと一つだけ約束をします。

それは、**絶対にわかったふりをしない**ということ。

「わからないときは『わからない』と言ってくれれば、みんなで何とかしてあげる」

そして、「わからない」という声が上がれば、まわりの子たちも協力するようにお願いします。九九が言えない子はまず算数が嫌いです。きっと授業中は「先生、当てないでよ」と身を潜めるように座っているはずです。

そのような子には、最初に「なんとかしてあげる」と伝えてあげます。そうすれば、「この先生はもしかして僕を救ってくれるかもしれない」と思うかもしれませんし、授業にも前向きになってくれるのではないでしょうか。

授業開きは、1年を占う大切な時間

私は授業開きをとても大切にしています。というのも、「今年1年の算数は楽しそうだ！」「こんなことを言うと褒めてもらえる」「クラスみんなで学びを作っていくんだ！」という、**1年間の算数授業のイメージや教師のメッセージを伝えることができる**からです。

ポイントは、**具体的にそして意味を伝えながらたくさん褒める**ことです。

私は5、6年生の最初の授業では、黒板に四角をかくことから始めます。すると「四角だ」などと発言する子が現れます。私はまずその子を褒めます。

「脳みそには攻める脳みそと守る脳みそがある。ぼうっと聞いて課題を待っているだけでは伸びない。次は何をやるのだろうとか、他の子はどんなことを考えているのだろうというふうに常に攻めていれば大きく伸びるんだよ。四角だ！と言ったことは素晴らしいんだよ」

そう言って、私の価値観を伝えます。「正方形だ！」と発言した子には「算数の言葉を使ってくれてありがとう」と褒めてあげます。そうすれば、授業が算数の言葉で溢れるようになります。間違った答えを言った子も褒めます。「みんなで考えるきっかけをくれたね。ありがとう」と言って、その子の答えを板書から消さないようにします。これは、みんなの意見・発言を大事にするんだという姿勢を示すことにもなります。

算数は正解・不正解がはっきりしている教科です。**だからこそ私は不正解をいかした授業をしたいと思っています。**それが人権教育にも繋がっていくのだと思っています。

「あいつの考え方は間違っているから、拒絶しよう」とか「自分の考えと違うから一緒にやっていけない」というのではなく、違う意見だからこそ大切にする、尊重するという意思を教師が示してあげるのです。

そして、授業の最後には「今日は皆で考えて、意見を出し合ったから、いろいろな発見ができたね。これから算数の授業では皆で力を合わせて学んでいくよ」と伝えます。学習の一番の楽しさは、いろいろな子が発言して授業に参加すること。算数が得意な子も苦手な子も同じ土俵で意見を言い合えること、これが授業の醍醐味なのではないでしょうか。

算数の言葉を
使ってくれて
ありがとう！
正方形だ！

おもしろい問題で子どもを夢中に！

授業開きでは、最終的に子どもたちに「算数は楽しい」と思ってもらうことが目標です。

ですから、**この時間だけは教科書ではなく、ちょっとしたおもしろい問題を出す**ようにしています。

具体的には、まず1～4の数字が書かれたカードを提示します。

「どんな順番でもいいから、誰か黒板に並べてくれるかな？」

そう言うと、何人かの子どもの手が挙がります。このとき、私は最初に手を挙げた子を褒めます。

「積極的なのはとてもいい。じゃあ、君にお願いしよう」

黒板に並んだカードが仮に、1、2、3、4の順だったとしましょう。

「では、問題。1＋2，2＋3，3＋4は？」

それぞれの答えは、カードの上に書きます。つまり、私がやりたかったのは、隣同士のカードをたし続けて、ピラミッドのように積み上げたかったのです。

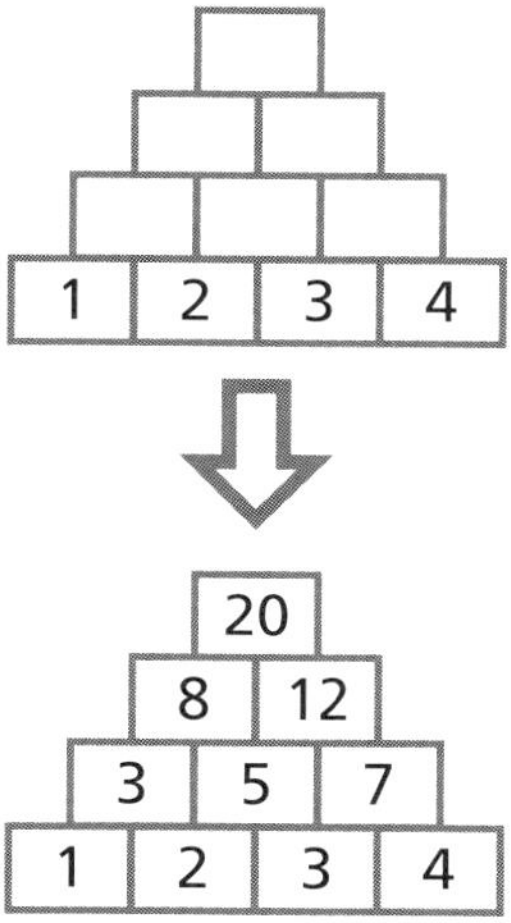

これは、「計算ピラミッド」と言って、算数では有名な教材です。ご存じの方も多いのではないでしょうか。

最初の３つのたし算を終え、私が「次は何をすると思う？」と聞くと、「順番にたしていく！」「違うカードを使う！」など、いろいろな発言が出ます。そのたびに私は具体的に、そして意味付けしながら褒めてあげます。

計算ピラミッドのルールを確認したら、実際に計算していきます。この場合は、頂上の数字は20です。正解を出した子はもちろん、「他の並べ方にしたらどうなるんだろう」と呟いた子が現れたら、もう褒めちぎります。

「『条件を変えて考えてみる』なんて天才の域だね！」

「その発想は、算数ではとても大事だよ」

では、順番を1、3、2、4に変えてみたら頂上の数はどうなるでしょうか。

子どもたちに予想させると、「20」が一番多いです。**予想する、見通しを立てるということも算数では大切な力**です。「どうしてそう思ったの？」という質問を挟むのも大切です。「だって…さっきと場所が変わっただけ」といった答えが返ってきたら、「前の考えをいかしていて立派！『だって』は説明の言葉だね」と褒めることができます。

実際に計算してみると、頂上の数字は「20」になります。

ここで私は「さっきと答えが一緒だね。じゃあ、他の並べ方はもうやらなくていいよね」と言うと、「ダメです。実際に計算して確かめたい」という子が必ず現れます。**「たった2回だけ同じだったからといって、答えを決めつけない」という姿勢もとても大切**。ですから、私は計算したいと言った子も大いに褒めてあげます。

他の並べ方も試そうということで、子どもたちには黒板にいろいろな並べ方を書いてもらいます。彼らは思いつくままに並べているので、同じものも出てきます。

そこで私は、ある子に「君は同じもの発見隊ね」と同じ並べ方があれば指摘してもらうようにお願いします。その子はあまり算数が得意ではなく、発表も苦手な様子でした。ですから、あえて役割を与えることで、授業に参加しやすくしたのです。

並べ方を変えていくと、答えが20にならないものも出てきました。16、20、22、24…と頂上の数が違ってくるのです。なかには間違った答えもあります。私はそれを消さずに、小さく印をつけておきます。これは、友達の意見は大切にしようという私のメッセージ。間違えた子にも「もう一回計算できるから、計算力アップに繋がるね」とフォローします。

いろいろな答えが出てくると、何かきまりを見つけようとする子が出てきます。「答えが出たから終わりではなく、きまりを見つけようとすることはすごくいいことだ。算数ではこれからもこういうことはいっぱい出てくるよ」

子どもたちの考えや発言を褒め、どんどん引き出すようにしてあげると、子どもたちには**「算数の時間はみんなで考える」**ということを理解してもらえるようになります。

誰がどんな発言をしても、そのことを皆で考える。そういった姿勢を先生がもつことで、「算数はただ答えを出す授業ではない」という授業の楽しさを味わわせられるのではないでしょうか。また、授業開きを逃したら終わりではなく、日々の授業でも価値付けをし続けることが大切です。いつの間にか、子ども同士が褒め合ったらクラスは完成です。

算数の楽しさを味わわせる

本章では、算数好きの子どもを増やすために、算数の楽しさを味わわせるにはどうしたらよいかについて述べていきます。

算数の楽しさとは何でしょうか。『小学校学習指導要領解説　算数編』から拾い出してみると、次の四つに整理することができます。

- **わかる楽しさ**
- **活動する楽しさ**
- **できる楽しさ**
- **考えて表現する楽しさ**

いろいろな本を読んだり、研究会で先生方とお話ししたりすると、最後の「考えて表現する楽しさこそが算数の楽しさだ」と考えている人が多いような気がします。私も同感ですが、あまりそのことに固執すると、どの授業でも子どもたちが一生懸命話し合って問題

わかった！
はい！
これは…

を解決しなければ成立しない、と思ってしまいがちです。子どもにとってはどうでしょうか。「計算が速くできて嬉しい」と思っている子もたくさんいます。

私が**1つの単元内で皆と脳みそから汗を掻くぐらい話し合う場を設定するのは、単元の導入と単元半ば、単元の出口の発展の3回程度です。**導入では、新しい問題に対して、これまでに学んだことをいかせないかと話し合います。半ばでは、問題の解き方等で詰まる場面が出てくるので、そこでも話し合います。単元の出口では、生活や次の学習に活用発展させていく内容で話し合います。

算数では、「計算ができて嬉しかった」という体験も大切ですし、「数を数える活動そのものが好きだ」と思わせることも大切です。どんな授業でも「考えさせて、表現させなければいけない」と考えると大変です。むしろ**「なぜ？」「なぜ？」と、先生が説明ばかりを求めてしまうと、子どもたちは算数を嫌いになってしまう可能性があります。**算数好きにする入口は、思考の部分だけではありません。もちろん、子どもが計算できる嬉しさを求めるからといって、計算問題ばかりをやらせるわけにもいきません。計算ができる子にとっては、何問与えようが同じです。与えすぎると、逆に計算嫌いの子どもにしてしまいます。そのあたりは、クラスの実態を見ながら、バランスをとっていく必要があるでしょう。

算数の考えを「調理法」に置き換える

「考えて表現する楽しさ」というのは、言葉にするのは簡単ですが、いざきちんと伝えるのは難しいと思います。特に難しいのは、「考える楽しさ」。先生はよく「前の考えを使いなさい」と言います。しかし、**子どもたちは算数における「考える」ということがよくわかっていません。**計算をしている子どもに話しかけると「今、考えているから、ちょっと待って」と制止されることがありますが、計算問題は考えるものではなく、処理するものです。アルゴリズムを作り出す段階であれば話は別ですが、既に理解していることに対して改めて考える必要はないし、それは算数における「考える」ではありません。

そこで、**算数の考えを子どもたちに浸透させる手段として、子どもたちが日常で使う言葉に置き換えてみるのもいいかもしれません。**

「帰納的な考え方」であれば、「どれにも共通するきまり」と言い換えられますし、「アルゴリズムの考え方」であれば、「決まっている手順で計算する」と言い換えられます。

8 一般化の考え方
「いつでも言えるかどうか…」
9 特殊化の考え方
「特別な場合を考えてみたら…」
10 記号化の考え方
「数を記号に置き換えてみたら…」
11 数量化・図形化の考え方
「図や数を使って表せないか…」

数学的な内容に関係した数学的な考え方

1 集合の考え
「ある条件で仲間分けすると…」
2 単位の考え
「○○のいくつ分と考えると…」
3 表現の考え
「言葉や計算の仕方の意味を基にすると…」
4 操作の考え
「操作して考えると…」
5 アルゴリズムの考え
「決まっている手順で計算してみると…」
6 概括的把握の考え
「だいたいどれくらいになりそうか…」
7 基本的性質の考え
「計算のきまりや性質を基にすると…」
8 関数の考え
「2つの数や量にどんな関係があるか…」
9 式についての考え
「式に表してみよう…」「式からどんなことがわかるかな…」

数学的な考え方・態度の分類を子どもの言葉に置き換えたら

数学的な態度

1 自ら進んで自己の問題や目的内容を明確に把握しようとする
「どんなことまでわかっているのか…」「どうなっていればわかるかな…」
2 筋道の立った行動をしようとする
「今までにわかっていることを使ってみよう…」「これが正しいわけは…」
3 内容を簡潔明瞭に表現しようとする
「すっきりと言えないか…」「はっきりと言えないか…」
4 よりよいものを求めようとする
「もっとよい方法はないか…」「別の仕方はないか…」
「もっと簡単にできないか…」

数学の方法に関係した数学的な考え方

1 帰納的な考え方
「どれにも共通するきまりは…」「データを集めてみたら…」
2 類推的な考え方
「今までと同じようにできないか…」
3 演繹的な考え方
「わかっていることを基にして考えてみたら…」「これが言えるには
どんなことがわかっていればいいか…」
4 統合的な考え方
「まとめて言えないか…」「似ているところ同じところは…」
5 発展的な考え方
「条件を変えてみたら…」「数を変えてみてもできるか…」
6 抽象化・具体化の考え方
「例えば・・・」
7 単純化の考え方
「簡単な数や図にしてみたら…」「□を使ってみると…」

さらに私は、「算数における考え」を子どもたちにもイメージできるように、**料理に置き換えて紹介する**ようにしています。

例えば、料理にはいくつかの調理法があります。

「煮る」「揚げる」「焼く」「炒める」「蒸す」…。

料理をするときは、これらの方法を組み合わせて行います。本当はもっとたくさんの調理法があるのでしょうが、一般的には5種類くらいあれば十分でしょう。材料はいくらでも変えられますが、調理法はいくつかしかありません。

「算数における『考え』」も同じです。

整理していけば15種類くらいになります。よく使う考え方は10種類くらい。それらを組み合わせて問題を解決しています。

「いいかい。料理をするときは、煮たり焼いたり、いくつかの調理法しかなくてもいろいろな料理が作れる。算数も同じだ。実はいくつかの考え方を何度も使って問題を解くことができるんだよ。それをみんなで見つけていこうね」

カレーを作るときには、材料としてタマネギやニンジン、お肉にカレー粉を用意して調理します。算数でいうと、九九などの計算や作図など、いわゆる技能に当たるものが材料です。

「考えのイメージ」算数の料理の腕

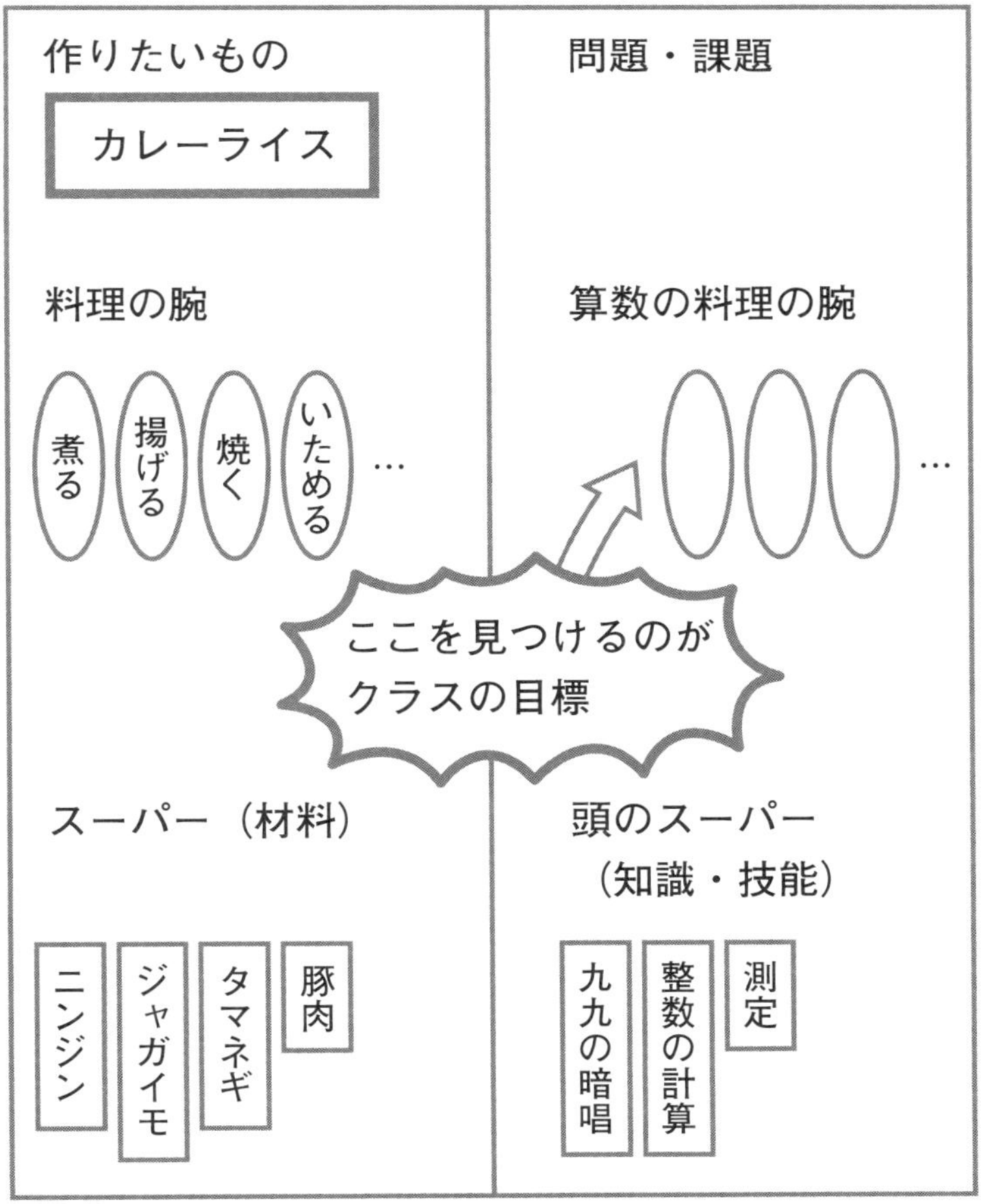

しかし、いくら技能が備わっていても問題が解けるとは限りません。**カレー粉やタマネギがあるだけでカレーができないのと同じです。**問題を解くためには、調理法が必要です。つまり、「算数の考え」です。

「この問題を解くには、『単位の考え』（かたまりのいくつ分）が使えるな」

「まずは『帰納的』（いくつかの共通するきまりを見つける）に見つけていくしかない」

「『演繹的』（証明する）に考えるとどうなるのかな？」

ここで出てきた「単位の考え」や「帰納的な考え」「演繹的な考え」が調理法に当たります。

これらの考えをいかに引き出すことができるか。これはその人の「料理の腕」にかかっています。

子どもたちの多くは、数学的な考え方を授業の中で自然と身に付けてはきていますが、概念までは理解できていません。ですから、わかりやすいたとえを用いることで、概念付けをしてあげるといいのではないでしょうか。

「数学的な考え方」に名前を付ける
―ネーミング活動―

数学的な考え方を育てたいと思っても、子どもたちは考えること自体が曖昧だったりします。

算数における「考え方」は、基本的に問題を解くための「方法」です。そして、その方法は小学校6年間で何度も繰り返し使われています。

そこで私は、料理に置き換えるほかにも、**授業中に数学的な考え方に「名前」を付けて残していく「ネーミング活動」を行っています。**子どもたちに「考え方」を「繰り返し使っている」ことを実感させるためです。

例えば、ある年の5年生のクラスでは、子どもたちは「単位の考え」を「かたまりちゃん」と呼んでいました。

「単位の考え」は、「消しゴム5個分」や「40＋30を10のまとまりと見て4＋3」などと、一つの「かたまり」だという考えです。

単位の考えは、様々な場面で使われるので、子どもたちは「この問題は『かたまりちゃん』を使えば、わかりやすい」と道具として使えるようになってきます。

ネーミングした考え方は、受け持ったクラスでのみ使える言葉なので、クラスによって変わってきます。他のクラスでは、「小さい数何個分作戦」「かたマリオ」と付けていました。「単位の考え」のほかには、「単位や条件を揃える考え」を「平等院そろえ堂」と名付けたり、「□を使った考え」を「四角魔法使い」と名付けたりしていました。

授業では、こういった子どもたちがネーミングした言葉がいつも飛び交っています。

ちょっと、具体例を挙げてみましょう。場面は、小数のかけ算。

「1m80円のリボンがあります。さて、このリボンが2.3mのときの値段はいくらでしょうか」

私が問題を板書すると、子どもたちは式を立てます。多くの子どもたちは、80×2.3と考えるでしょう。

私は問います。

「どうしてかけ算なの？」

「だって、1mのときは80円だから、2.3倍すればいい」

「2.3倍？　どういうこと？」

「『ズーラシア』を使えばいいよ」

ズーラシアというのは、数直線図を用いて考えるときに使う言葉。つまり、「図ーラシア」です。

ある子は「『置きカエル』の考え方が使えるよ！」と声を上げました。

置きカエルとは、簡単な数に「置き換える」考え方です。2.3倍は小数ではわかりづらいので、まずは2倍などの簡単な数にして考えてみようということです。

さらに、式だけで説明しても伝わりづらいとき、図を用いたり、簡単な数に置き変えたりして説明することを、子どもたちは「わかりやすく言い換える」という意味で「ワカガエル」(笑)と言っています。

さて、計算の仕方ですが、ここでも子どもたちからネーミングされた考え方が出てきます。前述した「かたまりちゃん」です。

2.3を0.1を基にして、23個分にすると整数で計算できると説明する子が現れました。

すると、別の子が言います。

「じゃあ、2.3ｍを２３０㎝としてみればいいんじゃない？」

この子は、単位を変えて１㎝を基にして考えたわけです。考え方としては、これも「かたまりちゃん」です。

子どもたちは、「『かたまりちゃん』は使えるね」と頷き合っていました。

0.1ｍを基にするのも、１㎝を基にするのも考え方は同じです。しかし、子どもたちの中にはこの２つの考え方が別だと思う子もいます。それを「かたまりちゃん」を用いることで、「どちらも考え方としては同じなんだね」と結びつけてあげることができます。

同じ考えを使っているにもかかわらず、子どもたちの中では別だと思うケースは結構あります。

四則計算がいい例です。たし算やひき算、あるいはかけ算やわり算は、使う考え方は同じですが、子どもたちにとっては別のものだと考えがちです。

しかし、ネーミングを使っていると、かけ算で出てきた考え方が実はわり算でも出てくることに気が付きます。そういった授業を通して、「算数って繋がっているんだな」と思わせることができるのではないでしょうか。

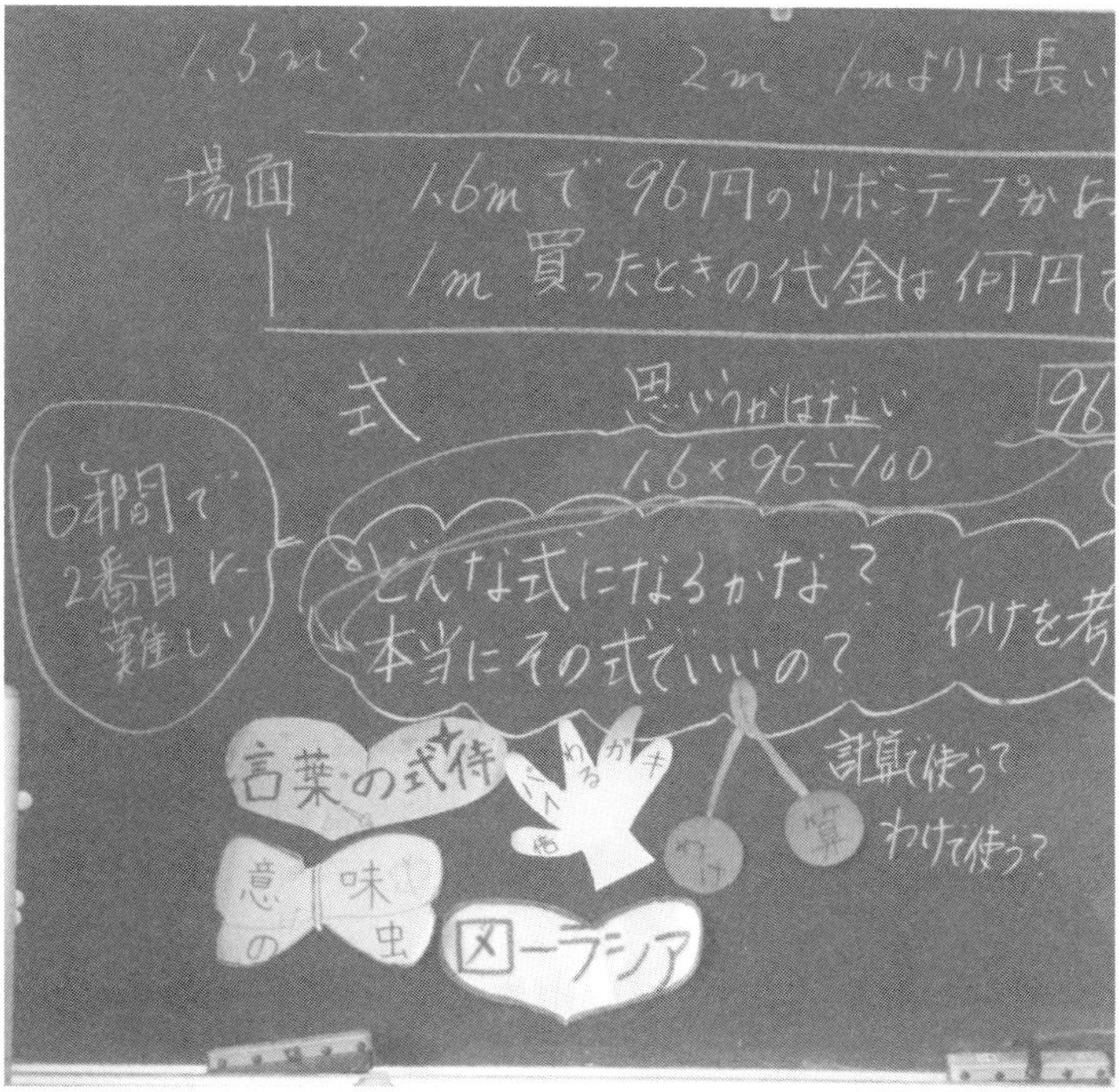
1.5m？　1.6m？　2m　1mよりは長い
場面
1.6mで96円のリボンテープが
1m買ったときの代金は何円
式
思いうかばない
1.6×96÷100
6本目で2番目に難しい
どんな式になるかな？
本当にその式でいいの？
わけを考
言葉の式侍
意味の虫
図ーラシア
計算で使って
わけで使う？

ネーミング活動で算数の文化を作る

「ネーミング活動」は、高学年で行うことが多いですが、**低学年でも可能**です。

2年生の「資料の整理」の授業でのこと。

ここで私は、クラスの子どもたちの誕生月を調べる活動をしました。月ごとに生まれた人の人数を調べる活動です。

このとき、私は「グループにしていくアイデアに名前を付けられないかな」と尋ねました。すると子どもたちは、誕生月に整理していることから「整理しちゃおう作戦」と命名しました。

さて、この単元が終わってから、次はたし算の授業に入りました。

このときは、導入で「40＋30を考えましょう」という問題を出しました。私が机間指導していると、ある子が4＋3で計算しています。

私が「どうして、4＋3で計算できるの?」と尋ねると、「だって、10のかたまりだか

$$
\begin{array}{l}
23+34=57 \\
\underline{34} \\
57
\end{array}
$$

ら」。私はしめたと思い「このアイデアも使えそうだから、名前を付けよう」と言って、「10のまとまり何個分作戦」としました。

そうすると、その後に出した23＋34の計算を、子どもたちは筆算を使わずに57とすぐに答えを出しました。「どうして、すぐにわかったの？」と尋ねると、彼らは十の位同士と一の位同士をそれぞれたして計算していました。

ある子が言います。

「これって、『10のまとまり何個分作戦』だよね」

ネーミング活動を通して、既習をいかしているわけです。

さらに、まだ筆算の学習をしていなかったにもかかわらず、ある子が23＋34を筆算のようにたてに並べて計算し始めました。

つまり、十の位同士と一の位同士を計算しやすくしようとしたのです。そして、彼は「これは『整理しちゃおう作戦』だよね」と言いました。

最初の式だけでは見えづらかったものを「整理する」ことで、わかりやすくなったというわけです。

その後も、絵や図を用いる「図にしちゃおう作戦」や数をまとまりとして見る「まとまり何個分作戦」など、いろいろなネーミングを行いました。

先生が指導内容を理解していれば、次にどんなネーミングができるか、ネーミングした考えが次はいつ使えるかなどがわかります。2年生では、5つ程度のネーミングで、ほとんどの単元をカバーできると思います。

子どもたちは、ネーミングが大好きです。イメージしやすく覚えやすいからです。何より、「どんな名前がいいかな？」と考えることが楽しい。

もちろん、子どもたちがネーミングした考えをいかしているのを見ると先生も楽しくなります。次の授業ではどんな考えがいかされるのかと考えると、授業づくりもワクワクするのではないでしょうか。

ネーミングされた「考え方」例

かたメロン

「整数の見方」の学習から。２ずつのかたまりで考える。かけ算そのものがかたまりのいくつ分か？で考えている。

図ーラシア

「小数のかけ算」の学習から。立式の根拠として線分図を使って考える。図で説明するとわかりやすい。

おきカエル

「小数のかけ算」の学習から。整数に置きかえると成り立つから小数でも成り立つと考える。答えの概算を行う。解決の見通しを立てるときに使う考え方。簡単な数字を入れてみる。

意味の虫

「小数のかけ算」の学習。同じ数のたし算がかけ算。「何倍」の意味がかけ算。だから小数でも立式の根拠になる。

バイバイオハザード

小数を整数に直すために、10倍、100倍して計算し、結果をかけ算・わり算によって10で割ったり、そのままにしたりする基本的性質の考え。

言葉の式侍

立式の根拠や式を一般化していくときに使う考え方。

ソロノアゾロ

何かの条件を揃えることで比べると公平という考え。

教室環境づくりにもネーミングをいかす

ネーミング活動の授業を行っていると、名前を付けることに懸命になる子がいます。これは一見、授業の本質から外れているようですが、そうではありません。なぜなら、**名前を付けるためには、授業のねらいや構造を理解していなければならない**からです。

ですから私は、授業の最後によく「今日一番大事な考え方は何だと思う？　また使えそうなものは何だろう？」と尋ねます。もし、ねらいに沿った考え方が出てきてネーミングされていれば、その考えを理解していると判断できます。

とは言え、子どもたちはつい何でもネーミングしたがります。結果的に、ネーミングの種類が多すぎてどれを使ってよいのかわからなくなってしまうこともしばしば。これでは本末転倒です。

調理法が「煮る」「揚げる」「焼く」「炒める」「蒸す」で十分なように、**「算数の考え方（ネーミング）」もできるだけ少なくしなくてはいけません。**そして、算数では同じ考え方を応用して使っていることに気付かせることが大切です。

これが「算数のおもしろさ」であり、「考えることの楽しさ」へと繋がります。子どもたちの言葉をうまく拾いながら、数学的な考え方を育成する。これは先生の「算数授業の楽しさ」となるのではないでしょうか。

また、ネーミング活動は算数の授業づくりだけでなく、学級づくりにも繋がっていきます。私のクラスでは、**子どもたちがネーミングした考えを色画用紙に書いておきます。絵を交えて黒板の隅に貼っておくと、目立ちますし教室も華やかになります。**

「かたマリオ」は、ゲームでお馴染みのマリオの似顔絵を入れていますし、「平等院そろえ堂」は平等院鳳凰堂を模した建物の絵。子どもたちは、ああでもない、こうでもないと言いながら、楽しそうに作っています。

さらに、ネーミングした画用紙を貼っていると、算数以外でもいかせることがあります。理科でも単位を揃える場面が出てきますし、体育で記録の平均を出すときなどにも『平等院そろえ堂』だ！」なんて叫んでいます。

そうやって算数だけでなく、他の授業や生活にもいかせる考え方にしていければ、ネーミング活動はさらに意味をなしてくるのです。

第3章 学び合いを充実させる授業づくり

「わからない!」が飛び交う授業をする

「〇〇君の言っていること、全然わからないよ」

「〇〇君、△△君がその説明じゃわからないって言ってるよ」

「どこがわからないの?」

「なぜ、かけ算になるのかがわからない」

「だって。〇〇君、説明できる?」

「だから、ひっくり返してかけると…」

「ひっくり返すというのが、よくわからないよ!」

「誰か、〇〇君の考えに付け足しできる子はいるかな?」


これは、私の授業でよく見られるひとコマ。**いわゆるできる子が解き方を説明したのですが、説明不足のため、いわゆるできない子が平然と「その説明ではわからない!」と**

言っています。

前述しましたが、私のクラスではわからなければ、「わからない」と言うことが大切だと教えています。そのため、わからない子の方がちょっと偉そうだったりします。

6年の分数のわり算の場面。問題文は、「$\frac{1}{4}$dLで$\frac{2}{5}$㎡の板を塗れるペンキがあります。1dLでは、何㎡の板を塗れますか」です。

自力思考の時間を少し取ってから、私は次のように問います。

「この問題の解き方は、たし算だと思う人？　ひき算だと思う人？　かけ算だと思う人？　わり算だと思う人？　わからない人？」

ここでもし「わかった人？」と尋ねてしまうと、わかった人だけが手を挙げて、そのままわかった人だけで授業が進んでしまうでしょう。

私はクラス全員を授業の土俵に乗せてあげたいと思っているので、**できるだけ皆が手を挙げやすい、発言しやすいように発問を工夫しています。**

先の質問だと、子どもたちは必ずどれかに手を挙げます。普通は、かけ算とわり算、それからわからないに分かれるのではないでしょうか。意見が分かれたら、そこに問いが生まれてきます。誰が誰に説明しなければいけないのかも明確になってきます。

もし「わからない人」に手を挙げる子がいたら、私は心の中で「よし！」とガッツポーズ。その子を大いに褒めて、わからないことをクラスの問いにします。

わり算に手を挙げた子の多くは、塾に通っています。しかし、本当にわかっているかどうかは怪しいところ。分数のわり算をなぜひっくり返してかけるのかというところまでは理解していないことが多い。

そこで、まずは「わかったつもりの子」たちに説明させていきます。彼らは自分のもっている知識を駆使して必死に説明します。ただ、理解が浅いために、あるいは説明する力が不足しているために、他の子どもたちにはなかなか伝わりません。結果、冒頭のやり取りのように「わからない！」が飛び交います。得意な子も苦手な子も力が伸びるのです。

わからない子が「わからない」と言う。それを皆の問いにする。皆で考え、説明していく。一人だけでなく、何人もが補足し合う。先生は、子どもたちの辿々しい説明を整理しながらも、皆と一緒に問題を解いていく…。

先生とできる子だけで進める授業ではなく、皆を巻き込んで進める授業。そうすることで、教室全体に「学ぼう」という雰囲気が生まれてきます。そして、子どもたちが「学び合う」ことで、皆の算数の力を伸ばしていくのです。

わからないって
言っているよ
ここはこうだから…
その説明じゃ
わからない！

学び合いが表現力を育てる

平成20年版学習指導要領が施行されて以降、算数では「表現する能力」に注目が集まっていました。

算数における表現力というのは、数、式、図、表、言葉、文章等を使って、自分の考えをまとめ、他人にわかりやすく伝える力です。ただ単に言葉だけで伝えるわけではありません。

子どもたちの表現力は実に様々です。ノートにはすごくいいことを書いているけれど、皆の前で説明させるとうまく伝えられない。表現力が稚拙で、独りよがりの説明になったり、具体的に話せば話すほどわかりづらくなる…。一方で、ノートは整理して書けないけれど、図を使ったり、簡単な数に置き換えてうまく説明できる子もいます。

また、式や図などで表現されたものを読み取ることも大切になります。このような力も表現力の一つです。伝える力＝アウトプットと、読み取る力＝インプットの両輪が稼働しているわけです。

子どもたちの表現力を伸ばそうと思ったら、「学び合い」が必要になってきます。テストに対応するための表現力であれば、一人でも訓練できるかもしれませんが、**他人に伝えるための「生きた表現力」を身に付けさせるためには、やはりクラス内で説明し合う場がないといけません。**

自分の考えがきちんと伝わっているのか、相手がどう思っているのかを見極められなければ、わかりやすい表現は身に付きません。だからこそ、学び合いが必要なのです。

とは言え、**「よし、学び合いをしよう」と思っても、そう簡単にはうまくいきません。**研究授業などで学び合いがうまくいっているクラスを見て、真似してみたりもするのですが、なかなかうまくいかないという先生方の声をよく聞きます。

それもそのはずです。研究授業をやるようなクラスは、時間をかけて「学び合いの集団」を作り上げています。綿密な計画を立て、入念な準備を経て、毎日の授業で少しずつ子どもたちが話せるように指導してきています。

ですから、「学び合い」はすぐにできるとは思わず、時間をかけて築いていくといいと思います。

学び合う集団を育てるために

学び合いは、一朝一夕ではできません。1年間、時間をかけて「学び合う集団」に育成していくことが必要です。

私の場合は、1年を四つに分けて考えています。

4〜5月

この時期は、**土壌づくりに力を注ぎます。**先生が積極的にかかわり、必要とあらば助言もします。そして、子どもたちには安心して何でも言えるように気を配ります。それこそ、「わからない」と言えるクラスに、そして算数を好きになってもらえるように努力します。

6〜7月

種まきの時期です。この頃までには、先生が効果的な思考・表現方法を子どもに伝えられているといいでしょう。できれば、**夏休み前には、子どもたちが積極的に話し合えるよ**

うになっているのが理想。ですから、意図的にそういった場を設定します。

9〜12月

夏休みが明けてからは、子どもたちの成長を見守ります。**思考、表現し合うことで、学びの質が高まっていくことを子どもたちに実感してもらう**ようにします。自分の考えをわかりやすく伝えるにはどうすればいいのか、試行錯誤させながら伸ばしていきます。それこそ、ネーミング活動をいかしていくのもこの時期からです。

1〜3月

子どもたちが「学び合う集団」になって、**子ども同士で問いを見つけたり、表現し合ったりできる**ようにしています。

本音を言えば、12月までにはこちらが想定する学び合いができるようにしたいと思っていますが、やはり大変です。

「学び合う集団」を作り上げるためには、**効果的な表現をする子どもの出現を待たなければいけません。**子どもたちは、他の子どもの意見にとても刺激を受けます。つまり、お手本となる子どもを真似して成長します。

ですから、先生は普段から子どもたちの発言を価値付けてあげながら、表現力のある子を見いだし、育てていかなくてはいけません。

例えば、ある難問に対して、効果的な解決方法を提案した子がいたとします。まわりの子どもたちも頷いています。

私が「みんな頷いているけど、どうして今の意見がわかりやすかったの」と聞くと、「図が出てきたから」とか「簡単な数にしてくれたから」などという答えが返ってくるはずです。そこで**「簡単な数に置き換えるのはすごく大事なんだね」などと、強調して価値付けてあげる**のです。

学び合いが形になってくると、子どもたちは活発に話し合います。何も知らない先生から見たら「学級崩壊では」と思うくらい。ただ、そうなると今度は、先生が介入するタイミングが難しくなってきます。

私が子どもたちの議論に入っていくのは、何を問題にしているのかが曖昧になったり、ずれていったりした場面です。そういったときに「ちょっと整理していいですか」と言って、論点や話の筋道を整理してあげます。子どもたちの考える力を伸ばすために、先生の働きかけを必要最低限にしていくのです。

学びの集団を作るために

土壌づくり　４～５月

・安心して何でも言える集団を作ろう

・とにかく算数を好きにさせよう

⇩

種まき　６～７月

・効果的な思考・表現方法を伝えてあげよう

・積極的に先生が価値観を伝えよう

・意図的に表現し合える場を設定しよう

⇩

成長　８～12月

・思考、表現し合うことで、学びの質が高まっていくことを実感させていこう

・自分の考えをわかりやすく伝えるにはどうしたらよいか考えさせよう

⇩

開化　１～３月

・子どもたち自らが思考、表現し合い、学びを作っていくことを応援しよう

ワクワクする課題設定から問いを引き出す

学び合いをするには、いくつかの授業のこだわりが必要になってきます。授業で押さえておきたいことです。

私の授業のこだわりは、次の四つです。

① **ワクワクする課題設定から問いを引き出す**
② **わかっている子だけで進める授業から抜け出す**
③ **共同思考で多様な表現を繋いで練り上げる**
④ **子どもの言葉をいかして、考え方・表現に価値付けする**

まずは、①から説明していきましょう。

算数では「課題と問い」という言葉をよく使います。

課題は教師が提示するもの、問いは子どもから自発的に出てくるものです。算数は先生が「今日はこれをやりますよ」と、課題を出すのが一般的です。

他の教科では、実生活での必要性、例えば「こうしたい」「どうしてこうなるんだろう」「これは何だろう」といった課題から動機付けができます。

教育現場ではこれを「必要感」と言います。しかし、算数では、子どもたちが感じる「必要感」に限界があります。

もちろん、子どもたちから課題が出てくるまで待つ、という先生もいるでしょう。日常の事象と結びつけたり、クイズ形式にしたり、いろいろと工夫されている方もいらっしゃいます。しかし、課題ばかりにこだわっていると、うまく展開し切れず、課題を引き出すだけで20～30分過ぎてしまうということにもなりかねません。

私の場合は、**導入の7分以内に「今日はみんなでこの課題を考えていこう」**と子どもたちが問いを共有できるよう見通しをつけています。

子どもたちにとっては、最初は与えられた課題かもしれませんが、眺めているうちに「あれ、この前やったことと、似ているけれど違うな」など、疑問をもつはずです。これが「問い」です。

算数の課題は先生から与えられるものですが、「問い」は子どもたち自身が抱える問題です。

例えば、あまりがないわり算を学習済みの子どもたちに、次のような課題を与えたとします。

「リンゴが18個あります。1人5個ずつ分けます。何人に分けることができますか」

この課題を見た子どもは、「わり算でできるよね」と考えるでしょう。そして、既習をいかしてわり算の式に表します。しかし、ここで割り切れないことに気付き、割り切れない場合は「どうすればいいのか？」と問い始めるはずです。

算数で一番出しやすい「問い」は、「前と違うところはどこだろう」という類のものです。問いを見いだせない子どもには、直接「今までに習ったことと、どこが違う？」と聞いても構いません。

問いを引き出す課題設定の方法としては、他にも条件不足・条件過剰な課題を出すものがあります。

例えば、「四角形の面積を求めよう」という課題を提示するときに、辺の長さを書き入れないようにします。これは、条件不足です。条件過剰とは、「平行四辺形の面積を求めよう」という問題に、底辺と高さに加え、斜辺の長さを書き加えたりすることです。
そのほか、次のような方法で課題を与えることができます。

間違っている場面を取り上げる

第1章で取り上げた「69÷3の筆算形式」のように、子どもの間違いなどを問いにします。

曖昧な条件にする

「消しゴム3つ分と5つ分の長さでは、どちらが長い？」という問題では、当然、5つ分という答えが挙がることが予想されます。しかし、基準となる消しゴムが2つあると問題の意味が変わってきます（Aの消しゴム3つ分と、Bの消しゴム5つ分という場合）。

対立意見が出る場を設定する

「バスに5人乗っています。次のバス停で7人が乗ってきました。合わせて何人でしょう」といった問題で、どのような式を立てるか（5＋7か7＋5か）で議論します。ちなみに、この問題の場合は時制を考慮する必要があるので、5＋7が正解となります。「おまんじゅうが右の皿に5個、左の皿に7個あります。合わせていくつでしょう」という問題であれば、5＋7、7＋5のどちらでもよいです。

ハテナボックスを用意する

問題文の一部を隠します。「バスに5人乗っています。次のバス停で□人が乗ってきたので、12になりました」など。また、実際に中が見えない箱に三角形の模型などを入れて、手探りしながら「とがっています」「辺が3つあります」などと説明するときにも「ハテナボックス」という用語を使っています。

いかがでしょうか。

とは言え、先生がいろいろな仕掛けを作るのは大変です。ですから、最終的には子どもたちが自分で問いを見つけられるようにしたいと思っています。

私の理想としては、**4～5月だけは一生懸命仕掛けを設定し、6月くらいからは自分たちで問いを見つけられる**、となればいいなと思っています。子どもたちが「問いを自分で

問いを引き出す工夫

条件不足・条件過多

数値を入れない

必要のない数値を入れる

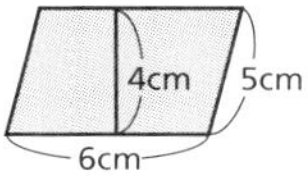

間違い・困り

　 69
÷ 　3

あいまいさ

Aさんの消しゴム3個分の長さ

Bさんの消しゴム5個分の長さ

そもそも消しゴムの長さがあいまい

対立意見

5人のところに7人きました！
5個と7個合わせていくつ？

5+7　なの？
7+5　なの？

ハテナボックス

×３？
＋３？

見つけたから、新しいことがわかったんだ」という経験を積み重ねていくと、先生が仕掛けなくても自分から見つけられるようになります。

前述した分数のわり算を考える場面などでは、子どもたちから問いが出やすいかなと思っています。分母と分子をひっくり返してかけるということは、塾に行っている子は先行学習しています。しかし、「どうしてひっくり返すの?」というところまでは、ほとんどの子がわかっていません。そこで「わからないからみんなで考えよう」という授業になるといい。

これは総合的な学習の時間で、自分で課題を見つける場面に近いかもしれません。その課題を、今までに習ったことや友達との協力で解決していく過程とも似ています。思考力や判断力を育てていくスタイルも同じです。

ただし、算数は「みんな違って、みんないい」とはいきません。

算数は系統性が強いので、「違うように見えるけれども、共通するところはどこだろう」とか、「どこが違っていて、それによってどんなよいことがあるかな」などと、価値付けしていかなければいけません。そのあたりは、算数故の展開の難しさになってくるのかもしれません。

わかっている子だけで進める授業から抜け出す

次に②の「わかっている子だけで進める授業から抜け出す」ことについて述べていきます。これは本章の冒頭で述べた**「わからない」を引き出す授業づくり**をしていきたいということです。

例えば、皆さんが子どもたちに自力思考の場面を提供したとしましょう。問題となる文があって、「さあ、この問題の式を立ててごらん」といった場面です。

考える時間をとって、いざ発表してもらうとき、皆さんは子どもたちに何と言いますか。「式ができた人？」「わかった人？」と聞いてしまってはいませんか。

そうやって尋ねると、数人の優等生が率先して手を挙げます。そして、その子たちを指名すると、多くは正解を発表するでしょう。その後、皆さんはどうしますか。

他の子どもたちに向かって「どうですか？」と尋ねたりはしませんか。子どもたちは皆で示し合わせたかのように「いいです！」と答えていませんか。

一見すると授業がスムーズに流れているようですが、実際には多くの子どもたちは授業に参加できていません。本当は、わからない子もいるでしょうし、違う意見をもっている子もいるはずです。**しかし、一番最初に優等生が答えてしまうと、「それが正解だ」という気持ちになってしまうのです。**

私が子どもたちに発表させるときは「わかった人?」ではなく、「わからない人?」「困っている人?」という聞き方をしています。まずは**優等生ではなく、わからない子から先に発言させる**わけです。あるいは、「たし算だと思う人? それともひき算だと思う人?」などと選択肢を設けて、全員が手を挙げる状況を作ったりします。

わかった子もわからない子も、全員を同じ授業の土俵に乗せる。それが、先生の役目だと私は思っています。わからない子がたくさんいる場合は、問いを変えたり、ヒントを与えることができます。子ども同士で話し合わせたり、「何がわからないのか」を掘り下げていくこともできます。

全員が同じ土俵に乗れば、わかっている子がわからない子に説明するような展開へともっていきます。わかっている子は、「どうやって説明しようかな」と考えることで、「簡単な数に置きかえてみよう」とか、「数直線で関係をはっきりさせよう」とか、「図をかい

×　「わかった人？」

○　「わからない人はいませんか？」

た方がわかりやすいかな」といった、数学的な考え方、表現の仕方が育っていきます。

大切なのは、**わからない子が「わからない」と言い続けられる場を保障してあげること**です。

普通は教えている子の方が立場は上になりがちですが、そうではなく「わからない」と堂々と言える子の方が偉いという空気にしてあげる。わからない子が「君の説明、わからないよ」と言える環境にしてあげるのです。

子どもの表現力を評価する際は、自分の考えを上手く他人に伝えることができるかどうかも対象になっています。ですから、「わからない」と言える環境は、わかった子の表現力を鍛える場になります。

そして、わからない子には「わかったふりをさせない」ことで、学ぶ意欲を高める場にもなります。さらには、先生自身も「もっとわかりやすい問いや説明をしなければ」という気になり、クラス全体の授業レベルが上がっていくのです。

もし、「わからない」と言えない子が多い場合は、先生が首を傾げている子を見逃さないことです。「今、何人か首を傾げていたから、もう少し詳しい説明が必要みたいだよ」と言い換えていくこともアレンジ力の一つです。

ちょっとした工夫で数直線もわかりやすくなる

「わからない」と言う子をいかす授業をするためには、先生もできるだけその子の視線に立たなければいけません。**先生が「わかりやすい」と思って説明していることが、実は意外と通じていないことも多いからです。**

その典型例が、数直線。数直線は視覚的に数の関係をとらえられるので、ちょっと複雑な説明をするときによく使います。先生も説明しやすいし、子どももわかりやすいだろうと思われています。

しかし、実は数直線で説明されると余計にわからない、という子どももいます。私は授業で「数直線があるとわかりやすいという人は手を挙げて」と聞いたことがありますが、4年生のクラスで手を挙げたのは2人だけでした。**高学年の授業でも数直線がかけないという子どもに出会うことが少なくありません。**

その理由の一つとして、**「数直線をきちんと教える時間がない」**ことが挙げられます。

数直線が一番必要なのは、6年生の分数のわり算。このときに、数直線を道具として使えない子どもは理解が追いつかなくなります。そうならないために、数直線はどこかできちんと教えておかなくてはいけません。

数直線を教える機会は、5年の授業であります。例えば、次のような問題場面。

「1m96円のリボンがあります。2.3mではいくらでしょうか」

私の授業では、黒板に数直線をかかずに、実際に2.3mのテープを貼っています。そのテープに、問題からわかることを書き込んでいくわけです。

まずは「1mってどれくらいかな?」と尋ねます。

子どもたちは「半分よりもちょっと短いくらい」などと答えます。

「なるほど。じゃあ、ここが96円だね」と、私は黒板のテープに96と書き入れます。

問題には書かれていませんが、0mは0円です。このこともきちんと押さえていきます。

実際のテープを使うと、子どもたちも敏感に気付きます。

0mと1mを書き込んだら、最後は右端の2.3mです。ここがいくらかわからないので、「?」と書きます。

さて、これで黒板には実寸の数直線が完成しています。私が「実はこれ、数直線なんだ

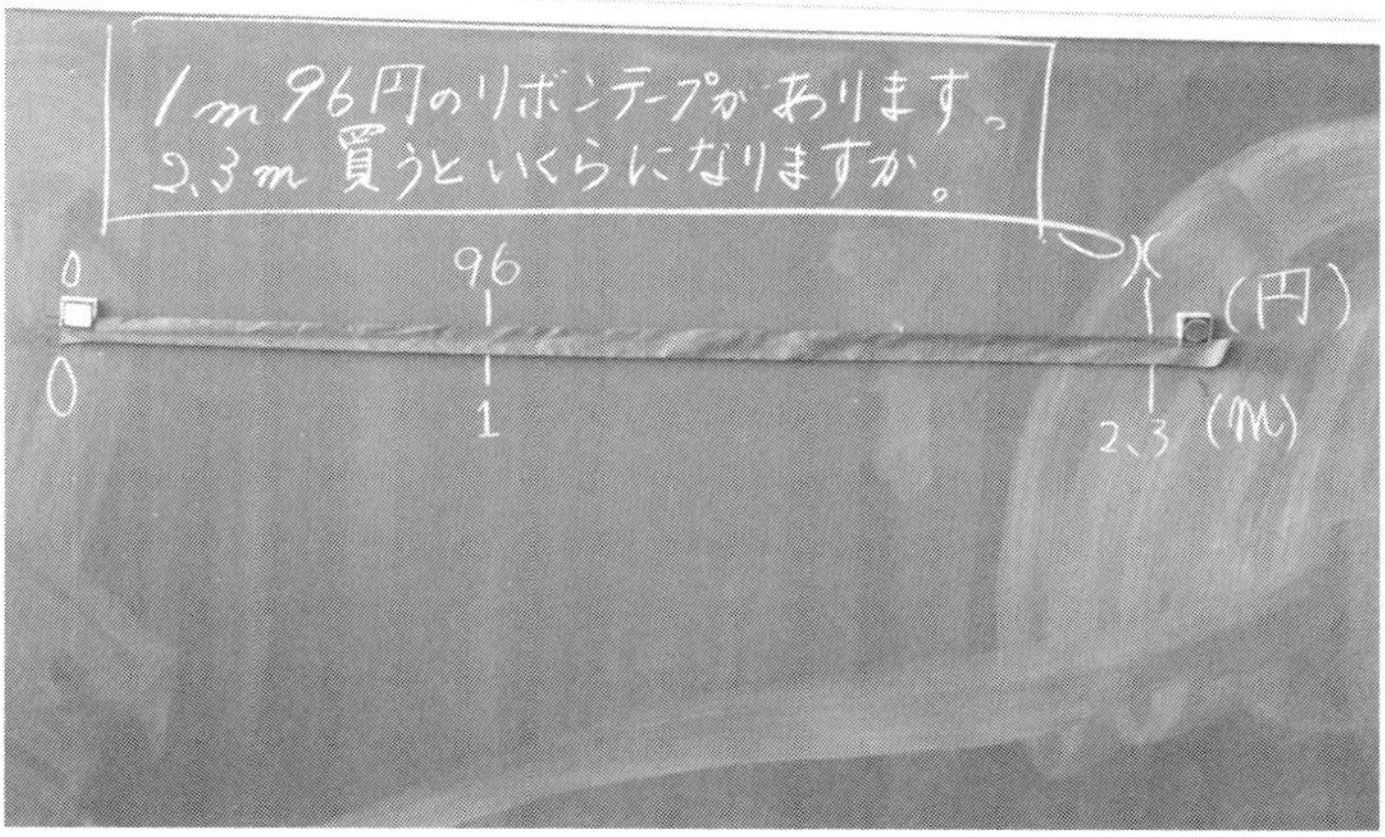
1m 96円のリボンテープがあります。
2.3m 買うといくらになりますか。
0
96
X
(円)
0
1
2.3
(m)

よ」と言えば、「なんだ、数直線って簡単なんだ」という声が上がるはずです。
学力差のあるクラスだと、どうしても数直線が抽象的過ぎて理解できない子もいますが、**できるだけ具体に落として指導していけば、数直線はそれほど難しいことではないとわかってもらえる**はずです。

いくら先生が「数直線はわかりやすい」と思って説明しても、実際にはついてこられない子もいます。だからこそ、先生は工夫してなんとか皆を同じ土俵に乗せてあげなくてはいけません。

これは先生の考え方一つで変わってくることです。どんな学校でも学力差はあります。理解力・到達度だけではなく、説明の上手下手、考え方の硬軟など、様々な子がいます。ですから、**「学力差があって困る」と嘆くのではなく、学力差があることを前提としてそういった子どもたちの授業をどう作っていくのか**を考えるのです。

わからない子は、堂々と「わからない」と言える。何がわからないのかを議論の題材とする。できるだけ具体の場面に置き換えて説明する……。

ちょっとした工夫が、子どもたちを主体にした授業にできるのではないか、と私は思っています。

学び合いの肝となる「練り上げ」のよさ

授業のこだわり③「共同思考で多様な表現を繋いで練り上げる」は、授業の中で、子どもたちから出てきたいくつかの意見を皆で吟味し、そのよさに触れ、そしてそれぞれの考えの共通点を考えていきましょう、ということです。

ところで、「練り上げる」とは何でしょうか。

私は、**「多様な考えを比較・検討することを通して、本時のねらいに迫る」**活動だと考えています。

練り上げのよさについて、次の四つに整理してみました。

① 多様なアイデアに触れることで、柔軟な思考力育成に繋がる

② よりよい考えを求め、比較検討しようとする態度を育てられる

③ 表現方法の違うものを統合的にみる力の育成に繋がる

④ アイデアを一般化する力の育成に繋がる

いかがでしょうか。

視点を変えて、子どもの「楽しさ」で言い換えてみると、次のようになります。

① 自分でできなくても、友達の解決の中にいろいろな数学的なアイデアが使われていることに気付き、今後の自分のアイデアの引き出しを増やす楽しさ

② それぞれの考えを聞き、より筋道立てた考えや簡潔明瞭な表現はどれだろうか、比較検討する楽しさ

③ 違う考えのように見える友達の表現も、何か共通するアイデアは潜んでいないか、結び付けて考える楽しさ

④ 皆の考えをまとめて、いつでも使える方法を導き出す楽しさ

四つの楽しさを味わわせることが、授業の「練り上げ」に繋がっていくと私は考えています。

なるほど！

「練り上げ」がうまくいかない原因と対処法

若い先生の中には「どうも練り上げが上手くいきません」と悩まれている方が結構います。

練り上げがうまくいかない原因としては、大きく次の四つに分かれます。

①　**考えの発表会で終わってしまう**
②　**わかっている子だけが説明して終わってしまう**
③　**よく話し合っているが、論点が絞れず、ねらいに迫っていかない**
④　**説明が上手くできない子が多い**

①については、よくあるケースかと思います。典型的な例は、4年生のL字型の面積を求める場面。

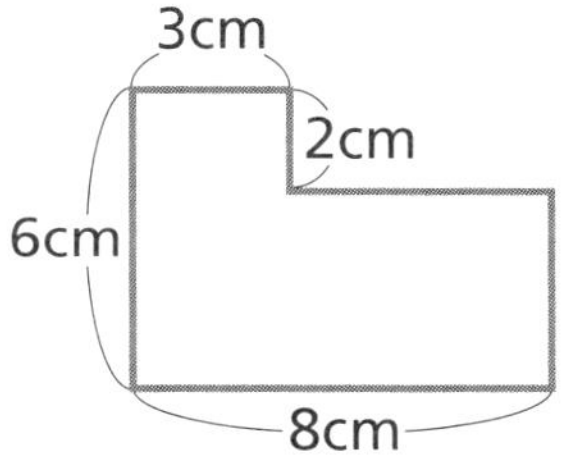

この問題は、いろいろな解法があるところがおもしろいのですが、「いろいろな考え方が出てきましたね」とまとめて、何がよかったのかわからない授業になってしまうことが多い。

先生としては、できれば**「いろいろな考え方が出てきたけれど、共通していることは何だろう？」**と発問したいところです。そうすれば、「知っている形に戻す」「長方形をいくつかにしている」などの答えが返ってくるかもしれません。

もっといいのは、**「知っている形に戻す」に加えて「面積もたしたりひいたりすることができる」ということに気付かせること**です。これは「量の加法性」といい、面積を求める上で、大切な考え方です。

この考えを引き出すには、発問だけでなく、板書にも気を配ります。いろいろな考えを出させるだけで満足してしまう先生は、板書もただ式が書かれているだけでしょう。「知っている形に戻す」ことまで引き出したい先生は、「3つの長方形に分けた」「たてに分けて長方形を2つ」など、どこかに「長方形」という言葉を板書しているはずです。同じように、「面積もたしたりひいたりすることができる」ことまで考えていれば、式のところに「たして」や「ひいて」などの言葉が入ります。

「どんな式になったの？」

「2×3＋4×8です」

「え！　たすこともできるの？」

そう言って、**＋のところに下線を入れたり、色をつけてもいい。**

そして、まとめのときに、「長方形にする」という考えを引き出した後で、「もう一つ大事なことがあったんだけど」と言えば、子どもたちは板書から気になる箇所を見つけて「たしたりひいたりすることができる」という考えにも気付かせられると思います。

授業のねらいを考え、まとめまでをイメージしたときに、どんな授業をすればいいのかを考えます。「ただ式をよませるだけ」ではなく、「たしたりひいたりすることができる」まで理解させたいと思えば、発問や板書も変わってくるでしょう。

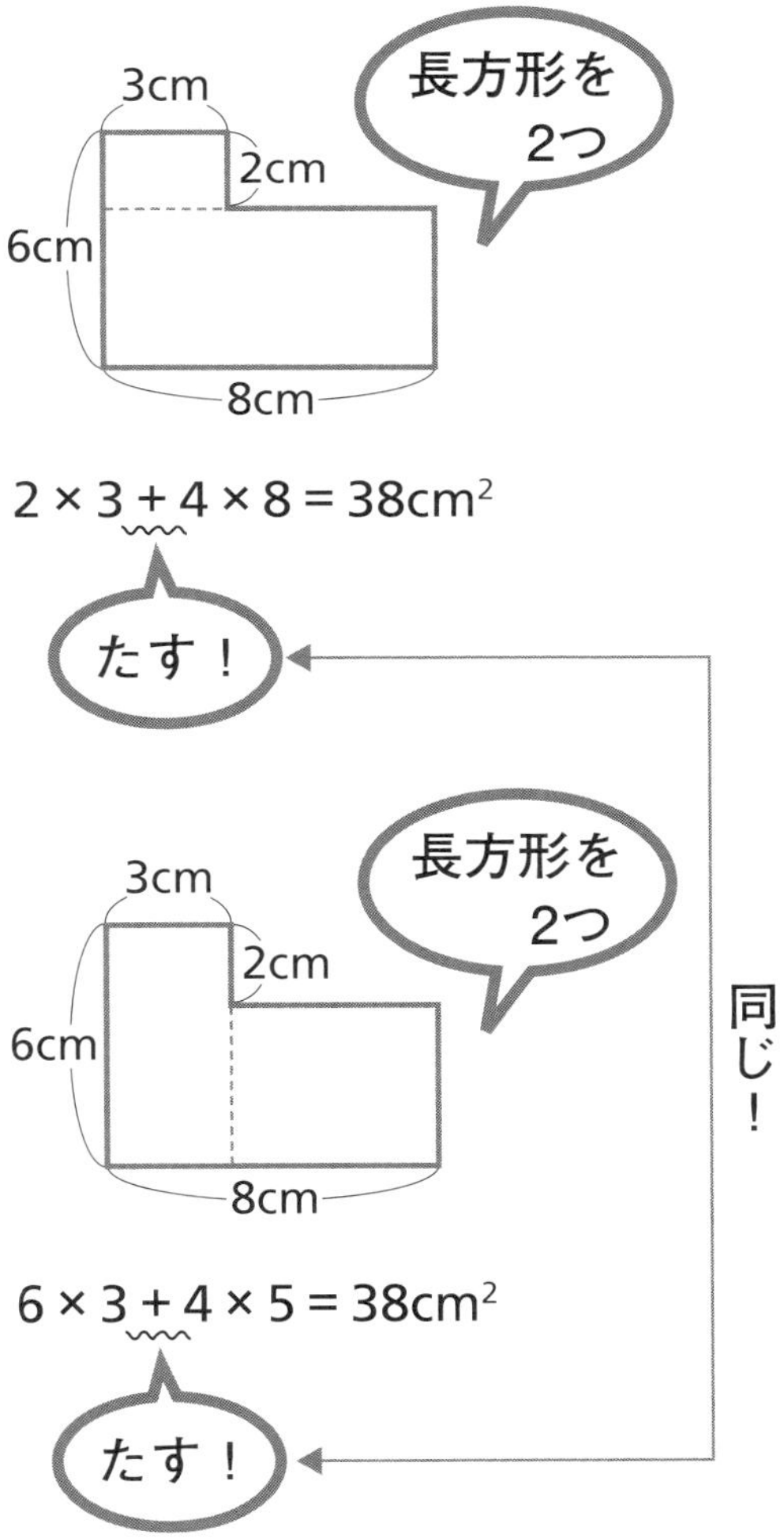
3cm
2cm
6cm
8cm
長方形を
2つ
2 × 3 + 4 × 8 = 38cm²
たす！
3cm
2cm
6cm
8cm
長方形を
2つ
6 × 3 + 4 × 5 = 38cm²
たす！
同じ！

「誰のどの考えを取り上げるか」で練り上げの効果が変わる

練り上げがうまくいかない原因とその対処法ですが、②については、既に述べている通り「わからない子」を中心に授業をすることで解消できます。

③の「論点が絞れず、ねらいに迫っていかない」ですが、これは**「問い」が明確になっていなかったり、子どもたちの中で共有化されていなかったりすることに起因しています。**何を解決するために、自力思考や共同思考をしているのか、子どもたちが常に「問い」を意識しておかなくてはいけません。それにはやはり、先生が指導内容をよく理解しておくことが前提になるでしょう。

④の「説明が上手くできない子が多い」ですが、これも既に述べている通り、説明している子に対して、わからない子が「わからない」ときちんと言ってあげるようにすることが大切です。

練り上げでは、**誰のどの考えを取り上げるのか、どういった順序で取り上げるのかもテ**

クニックの一つとしてあるかもしれません。

例えば、三つの考えを取り上げると仮定したとき、次のような方法があります。

・**図でかいている子、式で書いている子、言葉で書いている子を選ぶ**（図と式と言葉を結び付けやすいよさ）

・**わかりにくい考え、普通の考え、わかりやすい考えを選ぶ**（前の考えに付け足して進化していけるよさ）

・**方法や考えが異なる三つを選ぶ**（それぞれの方法のよさや相違点・共通点を検討できるよさ）

若い先生は、まずはわかりにくい考えから取り上げるといいかもしれません。ただ、毎回同じようにしていると、最初に取り上げられた子に「ああ、違うんだ」と気付かれてしまいます。ですから、取り上げたということはこの学習で大きな意味がある、だからとてもいいことだと価値付けておく必要があるでしょう。そういう雰囲気をクラスに作っておくことが大事です。

子どもの言葉を繋げて練り上げる

さて、以上のことを踏まえながら、具体的な練り上げの場面の一例を紹介します。

5年生の偶数と奇数の単元で、次のような問題が出てきます。

「右足から歩き出したとき、117歩目は右足でしょうか。左足でしょうか」

子どもたちの解決方法は、三つに分かれました。

一つ目は1から117までを数える考え。二つ目はノートの真ん中に線を引いて右足と左足を分けて数える考え。そして、三つ目は「117÷2＝58あまり1」と式に表す考えでした。

ある子が「一つ目と二つ目は似ている」と言いました。そして、「三つ目は別の考え方だ」とも言いました。

私が「全く別の考えなの？」と問い返すと、他の何人かの子がそうではないと首を振りました。

１．１から117までを数える

２．真ん中に線を引いて右足と左足を分けて数える

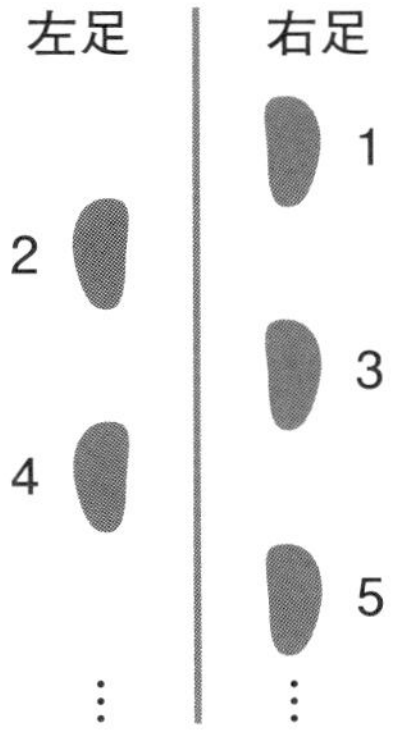

３．117÷2＝58あまり１

私は首を振った子に説明させますが、ほとんどの子は理解できていません。「誰か、一緒に説明してあげて」と助け船を出すと、何人かの手が挙がります。最初は、説明が難しくてうまく伝わりませんでしたが、何人かの言葉を繋いでいくと少しずつねらいに迫っていきます。

私は、**子どもたちの拙い説明のポイントをすべて板書しておきます。**ここがポイントです。次から次に説明に参加する子どもたちは、板書を見て前の子の発言を踏まえながら説明していきます。

「2で割るのは、この図を使えば説明できるよ」

「二つ目の考えは、2で割れるものと割れないものを分けているんだよ」

誰かの発言を利用したり、付け加えたりすることで、少しずつわかりやすい表現に近づいていきます。

この授業では、三つの考えは別ではなく、繋がっていることを子どもたちに理解してほしいと思っていました。**式、図、表は連動していて、これらをうまく使えば問題を解決できることを子どもたちに話し合ってもらい、自分たちの意見を繋げて見いだしてほしかったのです。**

最終的には、二つ目の考えでかかれた図から、三つ目の考えである式へと結び付けていくことができました。

皆でいくつかの意見を繋げていくというのは、いろいろな場面で効果的です。

他には、分数のたし算。

例えば、$\frac{2}{7}+\frac{2}{7}$ の計算の仕方を考えるとき、子どもたちは図や式など、いくつもの考えを出してきます。

このときの授業では、図で説明するグループと、式で説明するグループに分かれたのですが、私はここでも「じゃあ、図と式は全く別の考えなの？」と尋ねました。

そう言われると別ではないと思わせてしまう、ちょっと意地悪な発問ですが、子どもたちは図と式の共通点を探し始めます。

「気になることはないかな？」「共通する考えはないかな？」「例を挙げて説明できないかな？」……。

先生が舵を取りながらも、子どもたちの意見を繋いで練り上げる。**「どの意見も正解だね」と言って終わるのではなく、「別のように見えていたけど、考え方は同じ」というところまでもっていく**ことが大切です。統合的な考え方を育てていることになります。

研究会などで授業をすると、協議会で「子どもたちのどのような意見を取り上げればよいか」という質問を受けることがあります。

私はだいたい3種類ほど取り上げています。**「わかってしまっている子の意見」「わかっていない子の意見」「わかっているけれども説明が拙い子の意見」**といった具合です。

わからない子の意見は、「こんなふうに書いている子がいるけど、この子の考えがわかる？」とか「ここまでわかっているみたいだけど、この続きを教えてあげて」などと繋いでいきます。

また、ときには「先生はみんなのノートを見て、大きく3つの考えに分類されたと思うんだ」と言うこともあります。

授業ではいろいろな意見を取り上げたくても、時間の関係でそうもいかない場合が多い。子どもたちも「たてのものを横にした」だけでも別の意見だと思いがちです。

ですから、先生が構造を見抜いて、話し合いが充実しそうな意見を取り上げてもよいと思います。そうすることで、子どもたちは「自分はどれかに近いかな」と考えるようになります。

子どもの評価を上げる働きかけ

ところで、皆さんは評価をどのようにされていますか。**評価は、妥当性と信頼性が大切といわれています。**

平成10年版学習指導要領では、妥当性・信頼性に加えて客観性という言葉がありました。これは同じものさしで比べるということです。客観性という言葉がクローズアップされなくなったのは、いい加減でいいということではなく、一人ひとりをしっかり伸ばすという逆のメッセージです。

だからこそ、先生は授業の中で子どもをきちんと見て、評価することが大切です。本時のねらいをしっかりともっておいて、そこに到達できているかを授業の中で見てあげなければいけません。そして、もし到達していなかったら、その場で高めてあげなければいけません。**授業の中で△だと思った子を○に、○だと思った子を◎にして授業を終えることが重要です。**第1章で述べた69÷3の例のように。

もう一つ、先の偶数と奇数の授業を例に挙げると、授業のねらいは「数学的な考え方」ができることと、知識・理解の二つです。

この授業における数学的な考え方とは、117歩をすべて数えずにきまりを見つけて解決することです。7歩目くらいできまりに気付いて数えるのを止め、きまりをいかして答えを導き出している子は、○の評価となります。さらに、そのきまりや考えを式に結び付けることができていれば、◎です。

知識・理解とは、「奇数とは何か。偶数とは何か」がわかることです。「2で割って1あまる」ことを理解していれば、◎となります。

偶数と奇数は、子どもたちにとってはそれほどハードルが高くないでしょう。ただ、当時の私のクラスには、九九を言えない子どもがいました。彼は当然、わり算の理解も曖昧です。それでも私は、この子をなんとか○にしたいと考えていました。

自力解決の際、その子はなかなか自分の考えをノートに書くことができませんでした。私は、ヒントのつもりで皆に言いました。

「みんなのノートを見て回ったけど、7歩までしか数えていない子がいたよ。それでもいいのかな?」

しばらくしてからその子のノートを見たものの、まだ何も書けていません。そこで私は、今度はもっと直接的に言いました。

「何も書けていない子がいるんだけど、何かヒントはないかな？」

すると、ある子が「1歩目は右、2歩目は左って書いていけばいい」と答えました。この発言をきっかけに、その子はようやく書き始めることができたのです。

それまで、その子は「算数の時間が早く終わらないかな…」とじっと耐えていました。それが、**「自分で考えてみよう。ノートに書いてみよう」という気になった。これだけでも彼の評価を△から○にすることができます。**

私はその子にもっと自信をもたせたいと思い、「君が書いていることは、隣の子と同じだよ」と耳打ちしました。隣の子は、クラスの中でも優秀な一人でした。

その子は、嬉しそうに頷きました。そして、彼は自分の考えを発表したいと手を挙げたのです。先程まで何も書けなかった子が手を挙げて発表した瞬間、私はガッツポーズです。その子は発表した後も、ノートに自分の考えや友達の考えを書き続けていました。

ちょっとした一声で、子どもは変わります。そして、その一声をかけるためには、どれだけ子どもを見てあげられるかが大切になってくるのではないでしょうか。

とにかく子どもの言葉をいかす

さて、すっかり話が逸れてしまいました。

授業のこだわり④の「子どもの言葉をいかして、考え方・表現に価値付けする」は、いかに子どもを褒めるかです。

授業中、子どもたちからは様々な発言が出てきます。その発言を先生が取り上げて褒めることが重要です。

私がよく褒めるのは、「例えば」とか「だって」「なぜなら」など、説明するための表現を使った子どもです。また、数学的な考えを使った「前の考えを使うと」や「小さい単位で考えると」なども板書に残して褒めるようにしています。

それから、**「今日の光る人」**といったこともやっています。

これは、その授業で一番ポイントとなる発言をしてくれた人を、授業の最後に改めて褒めてあげるのです。たいていは問いを出した子を選びます。それから、「どうして？」とか「わからない」と言ってくれた子を褒めます。子どもを褒めることで、**「先生は今日、こういうことを押さえたかったんだ」というメッセージを込めている**のです。

私の同僚は、いいことが書かれているノートを取り上げて「今日の光るノート」といって、教室の後ろの掲示板で紹介したりもしています。

価値付けは、4月の最初の授業から続けていると、夏前には効果を発揮してきます。先生の思いが子どもたちに浸透してきて、子どもたちの考え方や表現も変わってくるようになります。

「○○君の説明じゃ、わからないよ」
「例えば、2.3を2に置き換えて考えてみると…」
「この問題は、前の考えを使うと解けるよ！」

自然とこういった言葉が子どもたちから出てくると、授業は俄然盛り上がってきます。私も「もっと子どもたちに考えさせたい」「もっと、表現力を伸ばしたい」とモチベーションが高まりますし、「今日はこういう授業をしよう！」と授業づくりにも熱が入ります。

先生と子どもの相乗効果で、授業がどんどん楽しくなってくるのです。

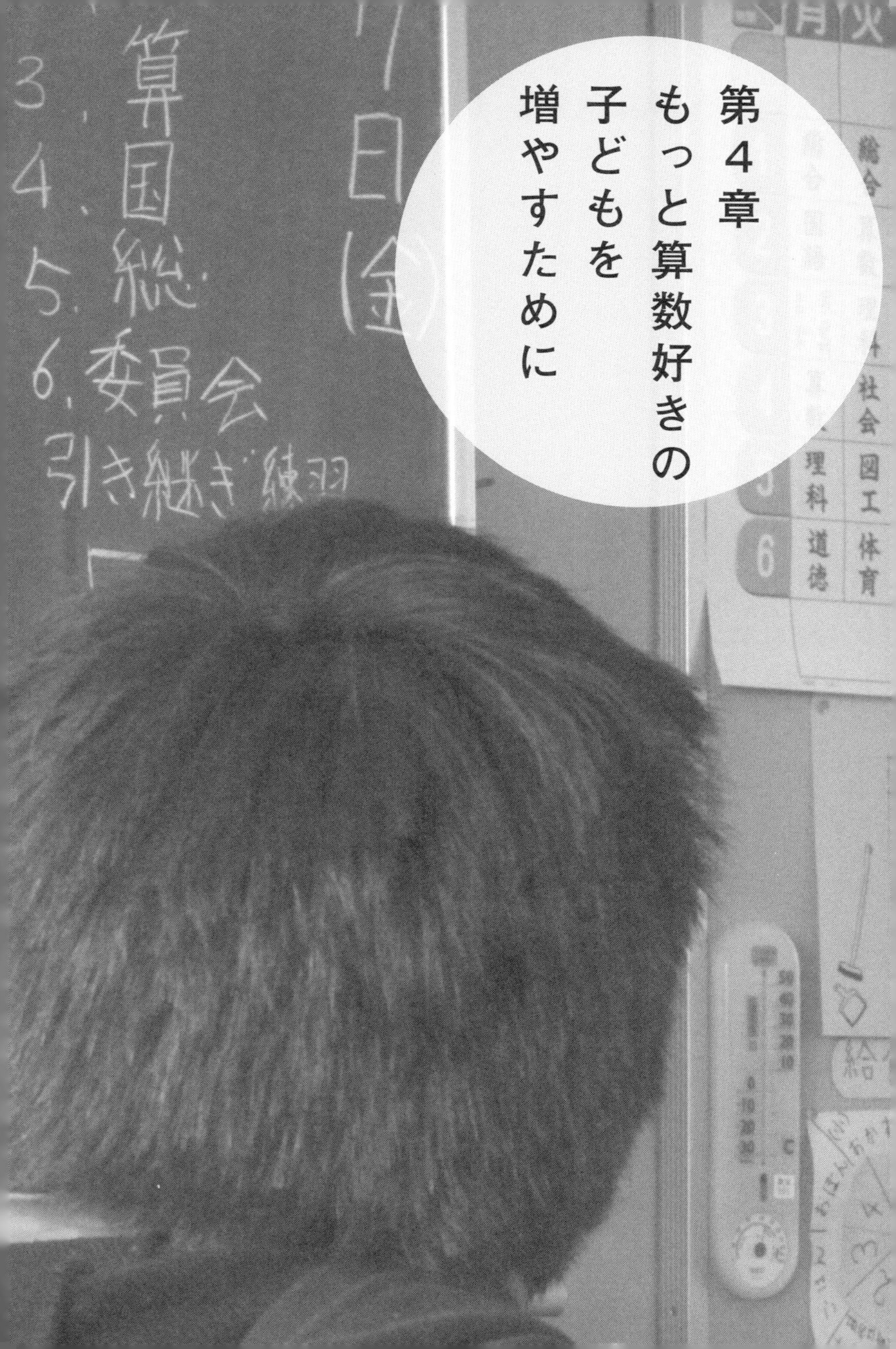

第４章 もっと算数好きの子どもを増やすために

決める
0回?
のぞいて

自分なりの授業観とスタイルで臨む

前章では、「学び合い」をベースとした授業づくりについて、私なりの考え方を述べてきました。

何度も言うようですが、学び合いはすぐにできるわけではありません。私も偉そうなことを言えるほど、「学び合い」ができているかと問われると、できていないところも多々あります。

しかし、**自分なりに楽しく、「子どもたちと一緒に学べている」と思えていれば、きっと子どもたちも同じように感じてくれているはず**です。

ですから、若い先生方は、まずは自分のスタイルを確立することが大切なのかなと思っています。

最初は、考えの発表会だけで終わってもいいので、自分なりの発問、授業を深める手法に取り組んでみるといいのではないでしょうか。

「この考えのいいところはどこだろうか？」
「いつでも使えそうな考えはないかな？」
「〇〇さんの式の意味を、△△さんの図で説明できないかな？」

授業の中で、子どもたちにどんな力をつけさせたいのか。発問はそのきっかけになりますし、先生のスタイルにもなると思います。

仮に、まとめがうまくいかなくても、それでいいと思っています。**まとめ切れないときは、先生が口にしてもいい。**特に低学年は、穴埋め方式などにして教えてあげることも必要です。

何がなんでも子どもから出さなくてはいけないと思い込まず、先生が出してもいいやくらいの開き直りで構わないと思います。

私の場合は、一時期、**「子どもたちのまとめ」**と**「先生のまとめ」と二つに分けていた**時期がありました。

子どもたちのまとめを聞いた後で、「なるほど。みんな、いいこと言うね。ちなみに先生はこういうことを伝えたかったんだ」と私のまとめを板書していました。これはこれでなかなかおもしろかったです。

「みんなのまとめはそう来たか。先生も近いかも」

「先生の考え、なんとなくわかるよ」

子どもたちと同じ「まとめ」になったときは、皆でガッツポーズしたりと盛り上がっていました。


とにかく、大切なのは授業におけるねらいと、先生の授業観です。

どれだけ子どもたちが話し合っていても、それがねらいに迫っていなければ意味がありません。「表現力」や「言語活動」がキーワードとして挙がってきたことで、子どもたちにはたくさん話をさせようという授業が増えていますが、それだけではダメです。**学び合いはあくまでも手段であり、目的ではありません。**

子どもたちにどんな力をつけさせたいのか、そのための方法として学び合いがあります。目的をもって、「なぜ、発問を工夫するのか」「なぜ、練り上げが必要なのか」と考える。その上で自分のスタイルを作る。そういったことを先生がきちんと意識してはじめて、授業が本当に変わっていくのではないでしょうか。

先生のまとめ
みんなのまとめ

研究授業では「主張」が必須

自分の授業観をもって、やりたいことをやるというのは先生にとって何より必要なことです。

これは、研究授業などでも言えます。私は日頃から、若い先生には「研究授業では、自分のやりたいことをやらないとダメだ」と言っています。

そうでなければ、先輩方からいろいろと言われて、自分の授業ではなくなってしまうからです。**自分の主張がないと、誰かから借りてきた授業にしかなりません。**

実は、私も若い頃にそういった苦い経験があります。大きな研究会で授業をすることになったのですが、何もわからなかった私は、先輩から言われた通りの授業で臨んだのです。結果は、散々でした。このときの教訓もあって、研究授業では必ず自分の主張をもつように心掛けています。

自分の主張をもって「こういう授業がしたい」というのがあれば、仮に失敗しても大き

な失敗にはなりません。反省はしても、後悔することはありません。

そもそも、研究授業は失敗してなんぼ。どうして、失敗したのかを話し合うのも研究授業の醍醐味ですから失敗を怖れることはありません。そして、それも自分の主張があってこそです。

主張は何でも構いません。「自分はこの教材を使ってみたい」でもいいし、「グループ活動を取り入れたい」でもいい。とにかく、一つでもいいので、自分のやりたいことを盛り込むべきでしょう。

研究授業と関連して言えば、もう一つ。指導案検討は、必ず教室の黒板の前で行うべきです。そうしないと、子どもたちの反応のイメージが浮かんできません。これは当たり前のことですが、最近はできていないことが多い。実際に、板書しながらシミュレーションすると、いろいろなイメージが湧いてきます。

仲間の先生方に子ども役をやってもらうと、もっといい。きっとたくさんの意見が出てくるでしょうし、たくさんの発見が出てきます。職員室や校長室などで、ただ板書計画だけを前にしてやるのとは全然違う、自分だけでは気付かなかった豊かな見方が出てくるでしょう。

計算問題も楽しくできる

さて、本章では、「子どもたちをもっと算数好きにする」ために、私なりのちょっとした工夫をいくつか紹介していきます。

第2章で、私は「できる楽しさ」として、計算の習熟について少しだけ触れました。計算問題については、ついドリルプリントを配って問題数をこなす…となりがちです。

これでは、せっかく「できる楽しさ」を味わっても、すぐに嫌いになってしまいます。だからといって、計算の習熟を疎かにすることもできません。

そこで、計算問題もできるだけ子どもたちが意欲的に取り組めるような工夫をするといいでしょう。私は宿題などで計算問題を出すときは、「**一番簡単だと思った問題と、一番難しいと思った問題をそれぞれ選んで、その理由を短く書きなさい**」と指示しています。

そうすることで、子どもたちには「比較しながら問題を解く」という作業が加わります。

例えば、次ページのような問題を出したとします。

計算問題を少しでも価値あるものに

34 ×98	74 ×16	99 ×40
48 ×56	46 ×19	25 ×20
73 ×26	51 ×54	62 ×23
98 ×14	72 ×78	70 ×98

筆算でなくても暗算でできる問題に○をつけて、
わけも書こう！

いかがでしょうか。どれが簡単で、どれが難しいかわかりますか。

私のクラスでは、70×98を難しいと判断する子もいましたが、簡単だと断言する子もいました。まずは70×100として計算し、そこから70×2の分をひけばいいというわけです。

70×98

↓

70×100=7000

70×2=140

7000−140=6860

問題の比較を促すことで、子どもたちは工夫して解くようになります。最初は何もわからなかった子も、友達の意見を聞くことで「なるほど！」と思って、自分なりに考え始めます。そうやって、ただの計算問題も学び合いに発展させることができます。

問題の数をこなすよりも1、2問を皆できちんと解く。得手不得手関係なく、皆で話し合って解決することが大切です。

既習をいかして面倒くさい問題も簡単に

他にも私がよく用いる手としては、授業の冒頭で「今日は計算を完璧にやるぞ。100問だ！」と言います。

すると、子どもたちは「え～」「やだぁ」と反発します。その言葉を待ってましたとばかりに、私が「どうして？」と聞くと、「面倒くさい」「いっぱいあると間違える」という声。

「そうか。じゃあ、皆が一生懸命にやるなら、たった2問だけにするよ。しかも、面倒くさくなくて間違えない方法を考えるよ」

子どもたちは100問の苦行から解放されそうだという安堵感と、面倒くさくない方法への興味で前のめりになってきます。

私が出す問題は、次の2問です。

1. 3.8÷2.5

2. 1234567898765÷1.6

1問目は、普通の問題。**2問目は、巻き物を開きながら見るからに計算が面倒くさそうな問題**を出します。

2問目を見た子どもたちは、「先生、ずるい！」と大騒ぎ。しかし、1問目をいかせば、2問目も難なく解けます。

そこで、私は子どもたちと1問目の解き方を一緒に話し合います。皆が気付きやすいようにポイントを板書したり、九九が言えない子のために九九表を貼りながら話し合うのです。そして、全員が理解したなと思ったところで、各自で2問目を計算させます。

平成20年版学習指導要領では、わり算は3桁まで行う旨が書かれていますが、それ以上は行ってはいけないということではありません。何桁になろうと、計算のアルゴリズムは同じですから、解き方さえわかればそれほど難しくないでしょう。

実際、問題を解いた子どもたちは、「すごい桁数の計算ができた！」と達成感に満たされていました。一度、試してみてください。

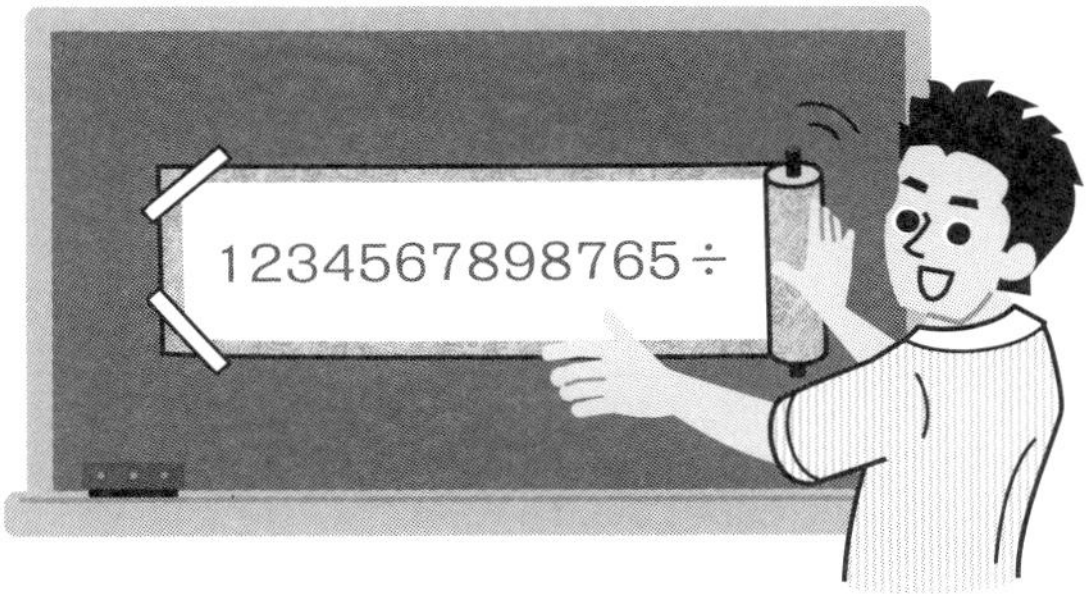
1234567898765÷

先生、ズルい！

「モリモリ計算ゲーム」で計算好きを増やす

あとは楽しい教材、例えば**ゲーム形式で計算問題に取り組む**のもいいかもしれません。ゲームの攻略法を見つけるように問題を解けば、計算の仕組みの理解も深まります。

私がよく用いるゲームは、その名も**「モリモリ計算ゲーム」**。

これは、2、3人で行う対戦型の計算ゲームです。

左ページのように、4つのマスを筆算の形式にレイアウトした用紙を人数分用意します。このときに、たし算かひき算、かけ算のどれをやるのかを決めます（わり算の場合は、わり算用にレイアウトします）。

対戦する子どもたちは、交互に0～9の数カードを引くか、十面サイコロを振るかして、出た数字をそれぞれ好きなマスに書き込んでいきます。そして、マスが埋まったところで、計算して答えを出します。

さて、勝利の条件ですが、これはその時々で決めます。例えば、「答えが大きい方が勝

モリモリ計算ゲーム

しれい！

答えが小さい方が勝ち！

先生	8	7	いさお	9	1
−	3	2	−	4	0
	5	5		5	1
	□	□		□	□
	□	□		□	□
	□	□		□	□
	□	□		□	□

ち」や「1に近い方が勝ち」などです。私はこれを「しれい」と呼んでいます。

「いいかい。今日はひき算をしよう。『しれい』は答えが小さい方が勝ちだ」

ひき算で答えが小さい方が勝ちということは、上段と下段の数ができるだけ近い方がいいとなります。子どもたちは、数カードを引く度に歓声を上げながら、どのマスに入れるかを考えます。

「9かあ。これは上の段の一の位にしよう」

「次は、6が出るといいんだけど…」

このゲームのいいところは、計算力をつけるだけでなく、**「出た数をどのマスに入れるとよいか」と考えながら行うので、「関数の考え方」も育てることができます。**

ルール説明のときは、黒板に書きながら実際にやってみせるといいでしょう。カードを引く度に挙がる「おお！」という声。マスに数字に書き入れたときに挙がる「あぁ」という声。大きな反応がある度に、私はその理由を問いかけます。

「だって、十の位に8を書いたから。これじゃ、数が大きくなっちゃうよ」

反応がなければ、「どんな数が出てほしい？」と聞いてあげてもいい。やり取りしながらカードを引いていくと、子どもたちは見通しを立てたり、概算するようになってきます。

答えが大きい方が勝ち!
8 7
- 2
9 1
-
4

楽しく九九を覚えられる「九九の歌」

皆さんは、高学年になっても九九を覚えていない子と出会ったら、どのように接していますか。

5年生になっても九九を覚えていないと、算数は大変です。ほとんどの問題で立ち往生してしまいます。九九を全く覚えていないという子はあまりいないかもしれませんが、7の段や8の段が怪しい子は結構いるのではないでしょうか。

そこで、オススメなのが**「九九の歌」**です。

これは、九九をリズムに乗せて歌うというものです。私は毎年担任を受け持ったとき、九九の歌を作って、2年生の子どもたちにプレゼントしています。

例えば、5年生になった子どもたちに、ただ「九九を覚えてきなさい」と言っても、覚えてくることはありません。そもそも、言われて覚えられるくらいであれば、とっくに覚えているはず。ですから、**これまでとは違ったアプローチで九九の暗唱に取り組む**のです。

九九の歌の歌詞は、九九そのものです。「いんいちがいち、いんにがに…」と暗唱するときと同じ。そのリズムに、ドミソの音階を当ててメロディを作っていきます。オルガンを弾ける子に伴奏をお願いしながら、皆でなんとなく歌っているうちに自然とメロディはできあがってきます。音楽に自信のない方は、音楽の先生に手伝ってもらってもいいでしょう。メロディは、一つの段ができればあとは同じですから、思ったよりも簡単にできます。

ただ、そのままだとちょっと飽きてしまうので、私は各段を違った曲調にアレンジをかけています。例えば、2の段はハワイアン調、3の段はロック調、4の段はワルツ…。最近の電子オルガンなどを使えば、いろいろな曲調がデフォルトで入っています。すべての曲調が決まれば、皆で合唱します。ここはもう音楽の時間ですね。皆、自分たちで作った曲ですから、ノリノリで歌ってくれます。ワルツ調のところでは、踊り出す子もいます。

歌は録音して、CDにします。実は、作って歌っているうちに覚えていなかった子がいつの間にか覚えているのです。「九九復活！」です。**そして、CDは2年生にプレゼントします。**2年生の子どもたちも大喜び。すぐに覚えて、一緒に歌ってくれます。なかには、家で口ずさむ子もいて、保護者から「家で九九の歌を歌って勉強しています」という話を何度も聞きました。

九九の歌は、5年生はもちろん、2年生やそれぞれの保護者からも好評です。九九の暗唱を家庭学習として取り組まれている方は多いですが、なかなか大変です。そんなときに、**九九の歌を口ずさんでいる子どもを見れば、保護者も「いい先生に出会ったわ！」と思う**わけです。

ちょっと打算的と思われるかもしれませんが、子どもたちの印象に残る授業をすれば、保護者の信頼は高まります。現に私自身がそうです。私の息子が家でその日の授業の話をしてくれると、やはり先生への信頼感は高まりましたから。

九九の暗唱にも役立ち、算数を楽しいと思わせ、保護者の信頼を得ることができる。そういう意味では、九九の歌は一石三鳥の取り組みと自負しているのですが、いかがでしょうか。

九九のうた

※　各段の曲調を変えると
子どもたちも飽きずに歌ってくれます。

ちょっと空いた時間は算数の小ネタで盛り上がる！

授業終わりのちょっと空いた時間、あるいはホームルームや休憩時間などでも、子どもたちと算数を楽しむことができます。

おもしろ問題を出したり、先に紹介した対戦ゲームをしたり…。

私の場合は、他にも算数に関する小ネタ（トリビア）を紹介しています。他の先生から聞いた話や本などから仕入れてきた話を**プリントにして子どもたちに配る**のです。

子どもたちは、そのプリントをノートに貼っておきます。興味深いエピソードがあれば、何度も読み返したりして、**算数を好きになったり、ノートを大切にするきっかけにもなります**。また、子どもたちは手に入れた小ネタを家に帰って話すので、保護者も算数に興味を示してくれたり、先生への信頼にも繋がります。

そういうわけで、ここでは私が集めてきた算数のネタをいくつか掲載しておきます。「おもしろい！」と思われる話があれば、ぜひクラスの子どもたちに紹介してあげてください。

小ネタ１

除夜《じょや》の鐘《かね》

除夜の鐘が、なぜ108回ならされるか知っていますか？

これにはいくつかの説があるといわれていますがその１つはかけ算に関係するといわれています。

それは、四苦八苦《しくはっく》をとりのぞくという意味で、四苦（４×９＝３６）と八苦（８×９＝７２）を合わせて３６+７２＝１０８　というものです。

かけ算がこんなところに使われていたのですね。

小ネタ２

スキーのジャンプ台の角度

冬のオリンピックの目玉競技の一つにスキージャンプがあります。

正式種目では、ジャンプ台の大きさや形、助走の長さによってノーマルヒルやラージヒルなどがあります。

ふつうの人は台にのぼって下を見ただけで、ふるえてしまうといいます。

さて、そのスキーのジャンプ台のかたむきは何度ぐらいでしょう？

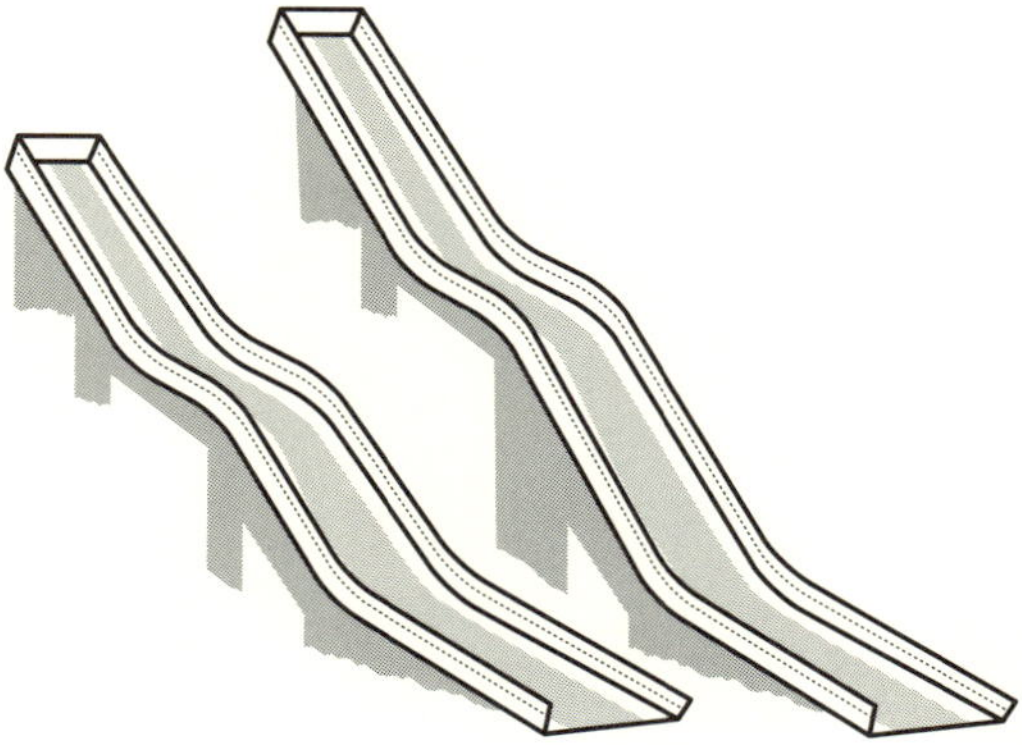

答え

ノーマルヒルが角度31度

ラージヒルが角度30度となっています。

小ネタ３

数字のならび方

クイズです。

それぞれどんな数字のならび方をしているでしょう。

自分で確かめてみましょう。

1 2 3 4 5 6 7 8 9 0	7 8 9 4 5 6 1 2 3 0	1 4 7 2 5 8 3 6 9 0

①電卓は？

②家の電話は？

③携帯電話は？

④テレビのリモコンは？

⑤パソコンは？

小ネタ４

電卓のひみつ

　[1]→[+]→[+]　と電卓のキーを押した後、
　[=]　[=]　[=]……

と続けて押してみましょう。

　１，２，３，４…と数が１つずつ増えていきます。１を２や３など他の数に変えてみると、新しい発見がありますよ！

小ネタ5

＋と－のはじまり

たし算やひき算は、どうして＋や－と書くのでしょうか？

昔、船乗りがタルに入れた水を、ここまで使ったとわかるように横線（－）をひきました。

そして、水がいっぱいになっているという印に横線（－）にたて線（｜）を入れて消しました。

このことから、ひき算の記号を－、たし算の記号を＋にするようになったといわれています。

小ネタ6

お金の「円」と図形の「円」

図形の「円」というよび方は、江戸時代にはもうすでにあったといわれています。

「円」という言葉がわが国のお金のよび方として法律で定められたのは、1871（明治４）年５月です。大《おお》隈《くま》重《しげ》信《のぶ》という人が、四角いお金だと角がけずれやすいので円の形にしたといわれています。

さらに「よび方も円の形だからそのまま『円』にしよう。そうすれば、わかりやすいしすぐに世の中に広まるだろう」ということで決まったそうです。

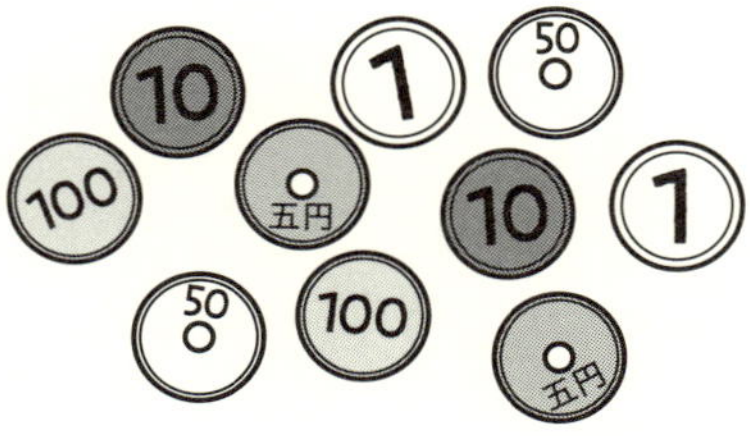

小ネタ7

時差って何？

地球がまわっているので、日の出と日の入りの時刻が場所によって違います。

日本が朝なのに、よその国では夜なんてことがあるのです。

もし、世界中が同じ時間を使っていたらとても不便です。

そこで地球をたてに24に分けて、順番に1時間ずつずらしたのが「時差」です。

世界の国の時差を計算してみるのもおもしろいですね。

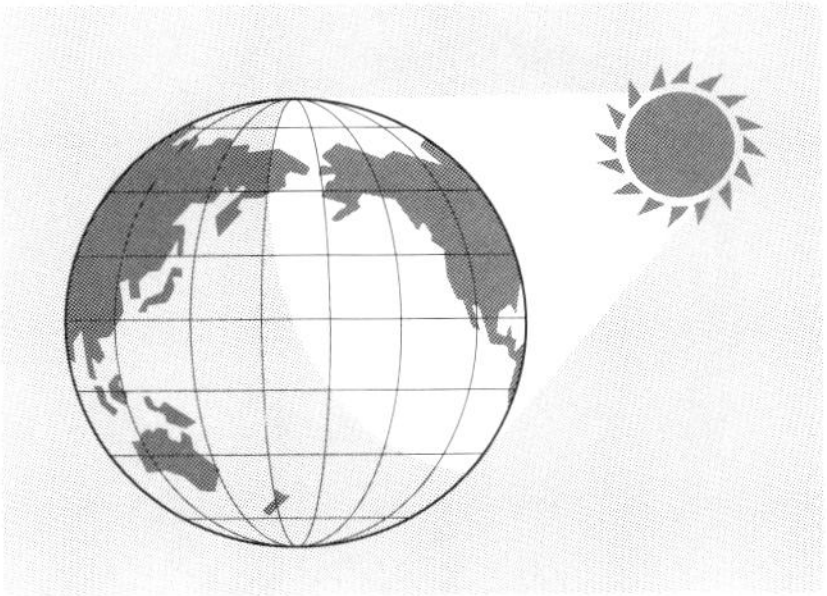

小ネタ８

サッカーボールは本当に球なの？

サッカーボールは、正五角形12枚と正六角形20枚が張り合わされて作られています。

この組み合わせによって完全な球に近い形を作ることができるのです。

最初の頃のサッカーボールは、ブタの膀胱に空気を入れたものが使われていたそうです。

それがだんだんと進化して、バレーボールのような短冊形の布を組み合わせたボールになり、現在はおなじみの形のサッカーボールになったということです。

小ネタ9

日本の九九と世界の九九

皆さんが学習している九九は、全部で81個あります。しかし、昔の日本では、下の表のグレーの部分である45個だけを覚えていました。

今の日本の九九はリズムもよく、覚えやすいことでは世界の中でも有名です。

1×1	2×1	3×1	4×1	5×1	6×1	7×1	8×1	9×1
1×2	2×2	3×2	4×2	5×2	6×2	7×2	8×2	9×2
1×3	2×3	3×3	4×3	5×3	6×3	7×3	8×3	9×3
1×4	2×4	3×4	4×4	5×4	6×4	7×4	8×4	9×4
1×5	2×5	3×5	4×5	5×5	6×5	7×5	8×5	9×5
1×6	2×6	3×6	4×6	5×6	6×6	7×6	8×6	9×6
1×7	2×7	3×7	4×7	5×7	6×7	7×7	8×7	9×7
1×8	2×8	3×8	4×8	5×8	6×8	7×8	8×8	9×8
1×9	2×9	3×9	4×9	5×9	6×9	7×9	8×9	9×9

カナダ、ニュージーランドでは、 1×1～12×12までを学習しますが、日本語のようにいろいろな読みがないため、そのまま暗記するそうです。

また、インドではなんと1×1～22×20までを学習するそうです。

小ネタ10

音符と分数

音楽の楽譜の中に音符がありますね。

音符は音の長さを示し、譜面上では、音の高さを表す記号です。

その音符ですが、まさに分数と大きな関係があります。

𝅝	…全音符…………基準の長さです。	1（基準）
𝅗𝅥	…2分音符………全音符の半分です。	$\frac{1}{2}$
♩	…4分音符……2分音符の半分です。	$\frac{1}{4}$
♪	…8分音符……4分音符の半分です。	$\frac{1}{8}$
𝅘𝅥𝅯	…16分音符….8分音符の半分です。	$\frac{1}{16}$

		休みの長さ
𝄻	…全休符…………基準の長さです。	1（基準）
𝄼	…2分休符………全休符の半分です。	$\frac{1}{2}$
𝄽	…4分休符……2分休符の半分です。	$\frac{1}{4}$
𝄾	…8分休符……4分休符の半分です。	$\frac{1}{8}$
𝄿	…16分休符….8分休符の半分です。	$\frac{1}{16}$

（白い部分が休みの長さを表します）

小ネタ11

えっ？　どうして？　分数のたし算

$$\frac{1}{2}+\frac{1}{3}=\frac{1+1}{2+3}=\frac{2}{5}$$

と計算した子がいました。

　これは間違いですよね。

　分母が違う場合のたし算は、通分して計算するのですから、分母を６にそろえて$\frac{5}{6}$とするのが正解です。

　分母どうし分子どうしはたせません。

　ところが、間違えた子がもしこんな説明をしたら何と答えますか？

「２本のうち１本が大吉のおみくじ$\frac{1}{2}$と、３本のうち１本が大吉のおみくじ$\frac{1}{3}$を合わせると、５本のうち２本が大吉$\frac{2}{5}$だよ。だから$\frac{2}{5}$が正解だ！」

　考えてみてください。

小ネタ12

どの式の書き方が間違いかな？

① 3＋5　　② 3＋5＝

③ 3＋5＝□　　④ 3＋5＝8

間違いは、②です。

もともと、「＝」（イコール）は等しい（合）という意味があります。ですから、「＝」の右側にも合「何か」が必要です。

日本では、「＝」を、「～～」は、という文章の一部として考えてしまうことが多いので、気をつけましょう。

中学生になったら、＝の右と左を入れかえたりして考えていく学習がたくさんあります。そのときのためにも…。

正解については、計算をして自分で＝（等しい）を入れさせるという意味で多くの計算問題で使われる書き方です。

③は、右側につり合っている「何か」が入りますので、正解になります。④は、「＝」の左右がつり合っているので正解です。

小ネタ13

長さはじめて物語 1

日本では、最初は人間の体を使って長さを測っていました。

もとになったのは、手を広げたときの親指の先から中指の先までで、「尺（しゃく）」とよんでいました。

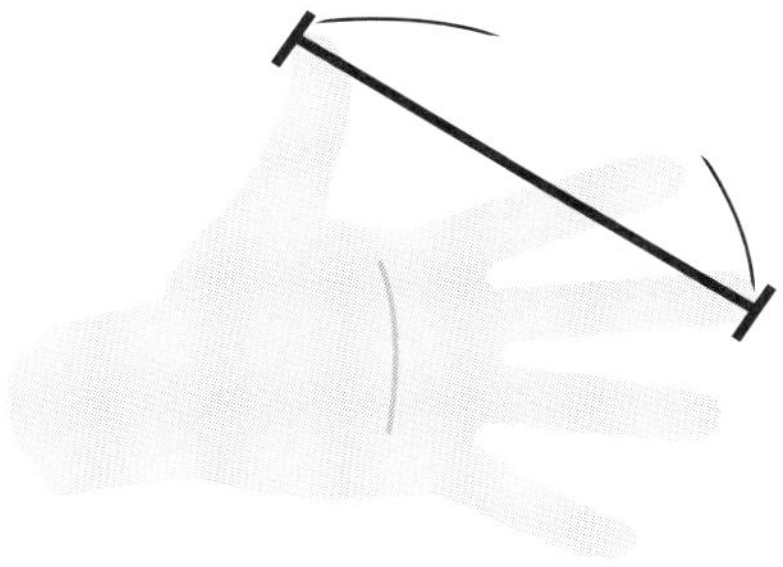

小ネタ14

長さはじめて物語２

8000年ほど前のエジプトでは、王様のひじから手の先までを「１キュービット」と、決めていたそうです。

それをもとにして、あのピラミッドが正確に作られていたというわけです。

でも、王様がかわるたびに「１キュービット」の長さが変わってしまったといいますから大変ですね。

小ネタ15

身近なものさし

１円玉は１ｇで直径が２㎝というのは有名です。
そのほかにも、身近なもので、「ものさし」として使えるものはないでしょうか？
探してみましょう。

ヒント
・５円玉の穴の直径は５㎜
・通常のマッチ棒の長さはぴったり㎝
・１円、５円、10円、50円、100円、500円玉を１枚ずつ合わせた重さは25ｇぴったり。ですから４枚ずつ合わせると100ｇぴったりです。

ところで…
・千円札の横の長さは？
・官製ハガキのたての長さは？

小ネタ16

cL　センチリットル

皆さんが学習した単位のほかにも下のような単位があります。

ｃLはワインやウィスキーなど外国から輸入された容器によく使われています。

ぜひ見つけてみてください。

漢字にも何かルールがありそうですね。

キロ	ヘクト	デカ		デシ	センチ	ミリ
kℓ 竏	hℓ 竡	daℓ 竍	ℓ 立	dℓ 竕	cℓ 竰	mℓ 竓
mm 粁	km 粨	dam 籵	m 米	dm 粉	cm 糎	mm 粍
kg 瓩	dg 瓸	dag 瓧	g 瓦	dg 瓰	cg 甅	mg 瓱

小ネタ17

数字ことわざ

数字が使われていることわざが、たくさんあります。

一石二鳥
三つ子の魂百まで
三人よればもんじゅのちえ
百聞は一見にしかず
八方美人
人のうわさも七十五日
石の上にも三年
九死に一生
ももくり三年かき八年
一事が万事

他にも、ぜひ探してみてください。

小ネタ18

日本人は素数好き？

日本人は古くから、心を短い言葉の美しいリズムと響きの中に表すことのできる俳句や短歌を楽しんでいます。

俳句は、五音、七音、五音。

短歌は、五音、七音、五音、七音、七音ですね。

ここに出てくる５と７は素数です。

俳句　　５＋７＋５＝17音

短歌　　５＋７＋５＋７＋７＝31音

17と31もなんと素数ではありませんか。

＊素数とは、１とその数自身しか約数をもたない数のことです。

小ネタ19

もっともっと大きな数！

江戸時代に書かれた『塵劫記（じんこうき）』という本に、大きな数のよび名が書かれているそうです。

一、十、百、千、万、億…の続きは４桁ごとに、

兆（ちょう）、京（けい）、垓（がい）、𥝱（じょ）、
穣（じょう）、溝（こう）、澗（かん）、正（せい）、
載（さい）、極（ごく）、恒河沙（ごうかしゃ）、
阿僧祇（あそうぎ）、那由他（なゆた）、
不可思議（ふかしぎ）、無量大数（むりょうたいすう）

となっています。

この先は？

気になりますね。

小ネタ20

おはしは、何本？　何膳？

「おはしは、何本おつけいたしましょうか？」という言葉をよく耳にしませんか？

しかし、正確にはおはしは『何本』ではなく、『何膳（なんぜん）』と数えます。

物の数え方には、日本独特の響きと豊かな意味が込められています。

その一部を紹介しましょう。

とうふ	丁（ちょう）	こんぶ	連（れん）
たらこ	腹（はら）	うさぎ	羽（わ）
魚	匹（ひき）、尾（び）	みそ汁	碗（わん）
まんじゅう	団（だん）	花	輪（りん）、枝（えだ）
たんす	棹・竿（さお）	すもう	番（ばん）
つくえ	卓（たく）	雪	筋（すじ）

小ネタ21

円周のおどろき！

地球の地面から１ｍの高さを線で結ぶと、地球の円周より何ｍ長くなると思いますか？

なんと正解は、たった6.28ｍ長くなるだけなのです。

直径×円周率＝円周

直径が２ｍ長くなるだけなので、

２ｍ×円周率（3.14）＝6.28ｍ

という計算になります。

計算すれば当たり前ですが、実感がわきにくいですね。

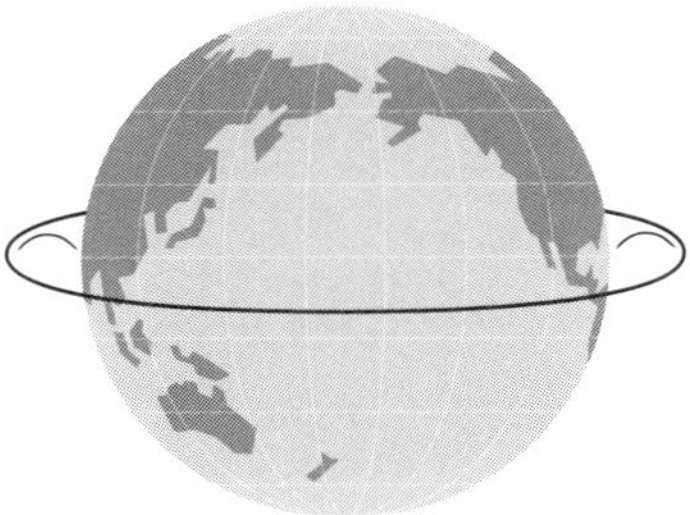

小ネタ22

辺の長さが２倍になると面積は？

正方形や長方形の辺の長さが２倍になると面積は、何倍になると思いますか？

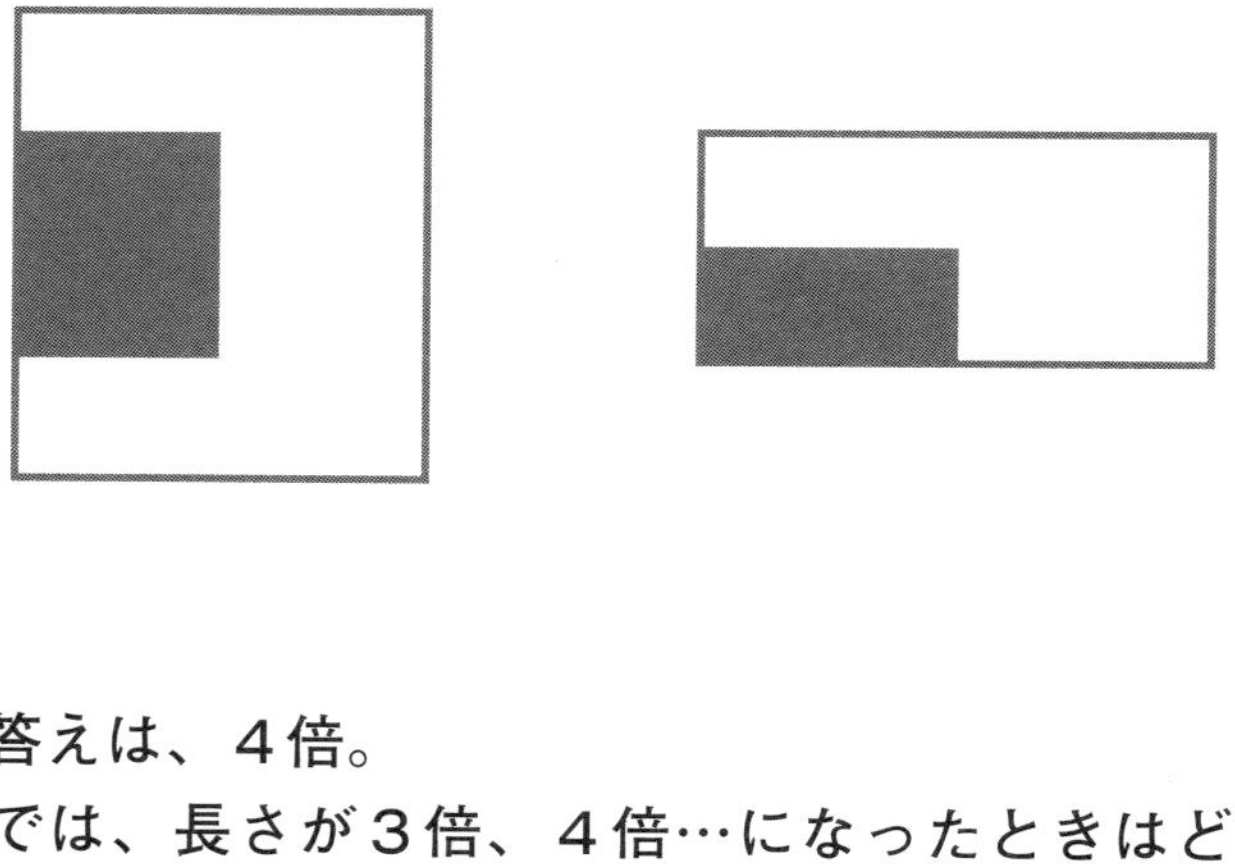

答えは、４倍。

では、長さが３倍、４倍…になったときはどうでしょう？

小ネタ23

２倍の正方形をかこう

次の正方形の2倍の面積をもつ正方形をかいてみてください。

答えは、もとの正方形の半分の三角形が４つ分です。

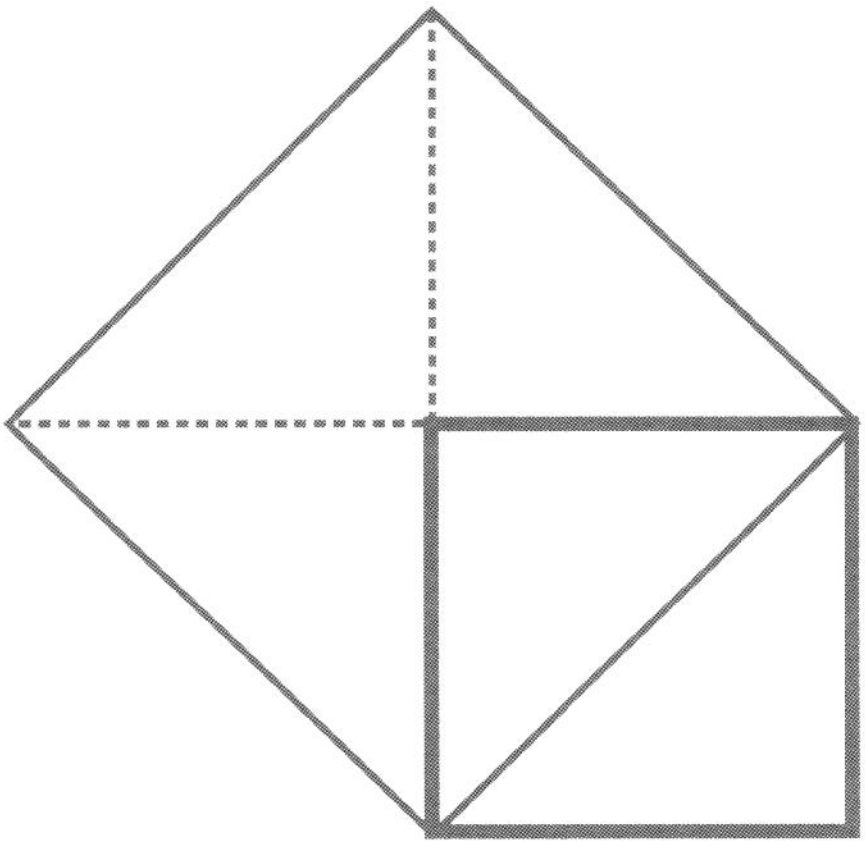

おわりに

私は学校生活や授業を通して、子どもたちに「社会で生きていく力」を養ってほしいと思っています。

そのためには、体力、人間力、学力の三つの力が大切です。

義務教育は9年しかありません。私は6年生の担任をもつことが多いのですが、その場合はあと4年しかない。ですから、6年生の子どもたちには、社会に出るまでに「自分には今、どの力がたりないのか」を気付かせてあげないといけません。

これは保護者に対しても同じです。自分の子どもが社会で生きていくためには、どの力をどうやって伸ばしてあげればいいのかと考えてもらうようにしています。

子どもたちが「皆の前だと恥ずかしくて発表できない」「一人では行動できない」などと言っているようではダメなわけです。

そういうときは、「6年生になったら変わっていこうね。先生も全力でお手伝いするから」と励ましてあげます。

以前、保護者から「遠足のバスで隣が喋らない子だと車酔いするかもしれません。なんとか仲の良い子と一緒にさせてあげられないでしょうか」とお願いされたことがあります。お子さんを大事にされていることはよくわかります。しかし、社会で生きていくとなると、そういった状況はたくさんあります。嫌いな人や見ず知らずの人と行動しなければいけないことだってあるでしょう。

ですから私は、「それでは、お子さんは成長できませんよ」と言ってお断りしました。情理を尽くしてお話すると、その方も納得してくれました。本当に大事にするならば、力をつける手助けをするのが大人の役目です。

先生の教育観、授業観を保護者にお話すると、賛同してくれる人は大勢います。私は自分の考えを資料にして、新学期が始まった頃に説明するようにしています。そのお陰か、保護者から無理な注文を受けることはなくなりました。

とにかく、先生と保護者、そして子どもたち、皆で力を合わせて成長しようという考えをもっていると、先生の指導が変わってきます。そして、授業が変わってきます。もちろん、算数の授業もです。

「はじめに」でも述べましたが、小学校教師はとても忙しい職業です。あるときはカウンセラー、あるときは旅行会社の添乗員、あるときは看護士など、様々な役割があります。そして、たくさんの教科指導…。スーパーマンにしかできない状況です。先生に求められている要求はとても多く、一人でこなしていくのは絶対に無理です。

だからこそ、周囲との連携は欠かせません。特に、同僚の先生と互いにフォローし合えるかどうか。学校、あるいは学年でチームを組んで臨められているかどうか。

私は、もし隣のクラスで学級崩壊が起きたら、それは自分の責任だと思っています。自分がしっかりとフォローできなかったからだ、と。

それくらいの気持ちで、周囲との連携に取り組んでいます。

「学年の足並みを揃えようとすると、どうしてもおもしろいことができない」といった声がありますが、そんなことはありません。どこかのクラスが飛び抜けておもしろいことをやっていれば、他のクラスも真似をすればいいだけです。そこの情報交換・関係性が大切なのです。

「隣のクラスで、すごくおもしろそうなことをやってたんだけど…やってみる？」と紹介してあげるといい。足並みを揃えるために、レベルを下げる必要はないのです。

そうやって互いをフォローし、切磋琢磨することが、授業のレベルを上げることになり、ひいては子どものレベルを上げることになるのだと思います。


本書の制作には、多くの方にお世話になりました。本書を作るに当たり、様々な方の顔が浮かびました。「あの人だったら、ここでなんて表現するのかな?」「あのとき、このことについて熱く語り合ったな」などなど…。そして、そのすべての方に感謝の気持ちが生まれました。

これまで出会ったすべての先生方、地域の方、野球チームのコーチやお母さん方。これまで出会ったすべての子どもたち。算数好きが何人増えたかな――一生懸命に学ぼうとしてくれた姿にありがとう。君たちがいたから、先生は頑張れました。すべての人の存在が自分の教育観を支えています。

また、執筆するに当たって、東洋館出版社編集部の畑中潤氏、小林真理菜氏には、いろいろなご示唆や温かい励ましをいただきました。感謝申し上げます。

最後にやはり家族です。勇太郎・佳音は本書を執筆しているときが小学校高学年から中学生。明るい笑顔のおかげで保護者の視点を盛り込むことができました。そして、音楽教師のエキスパートであり妻である円佳。毎日ケンカしながら教育について語り合い、子育てをともにし、結局はいつも頼ってばかりです。もちろん、ジイジ・バアバがいなければ子育ては成立していないけれど、おかげで自分らしさを盛り込んだ本を作ることができました。皆さん、本当にありがとう！

本書をきっかけに、皆さんがさらに「算数教育」を楽しんでいただければ、これほど嬉しいことはありません。

平成26年3月　森　勇介

[著者略歴]

森 勇介（もり・ゆうすけ）

1973年、神奈川県川崎市生まれ。

神奈川県立多摩高等学校、東京学芸大学教育学部A類数学科卒業。川崎市内の公立小学校や横浜国立大学教育人間科学部附属横浜小学校教諭を経て、現在、東京都町田市立鶴川第三小学校教諭。その間、川崎市研究推進校研究主任、川崎市総合教育センター短期研修員、川崎市立小学校算数教育研究会研究主任などを担当。朝日新聞社「花まる先生」、ガウスの会授業研究会などでの公開授業や日本数学教育学会研究発表などを経験。

主な著書（共著・分担執筆）に、『「読解力」とは何か PartⅢ 小学校の全教科でPISA型読解力を育成する』（三省堂）、『「ことば」で伸ばす子どもの学力 小学校・言語活動の評価と指導のポイント』（ぎょうせい）、『算数科・算数的活動&活用力育成の実践例 2年 学習シート付き』（明治図書）、『「はらはら，わくわく，どきどき」がある導入のつくり方、7人の教師・導入7分の算数授業づくり』（教育出版）、『ガウス先生の不思議な算数授業録Ⅱ』『オイラー先生のおもしろ図形問題集』『オイラー先生のおもしろ図形問題集プラス』『楽しい授業をつくるコツ 算数 教材研究のススメ』『研究授業で使いたい！ 算数教材20 低・中・高学年』『参観授業で使いたい！ 算数教材30』『表現力はこうして育てる！ ―子どもが動く算数的活動― 4年』『板書で見る 全単元・全時間の授業のすべて（小学校算数4年下）』（東洋館出版社）など。

教員の仕事以外では、川崎市麻生区西塔の越自治会会長、少年野球チーム長沢ナインズのコーチも務める。

気軽に始める「学び合い」
算数好きを増やす授業づくり

2015(平成27)年3月10日　初版第1刷発行
2016(平成28)年3月12日　初版第2刷発行

著　者　森 勇介
発行者　錦織圭之介
発行所　株式会社 東洋館出版社
〒113-0021 東京都文京区本駒込5-16-7
営業部　電話 03-3823-9206／FAX 03-3823-9208
編集部　電話 03-3823-9207／FAX 03-3823-9209
振替　00180-7-96823
URL http://www.toyokan.co.jp

装　幀　水戸部功デザイン室
イラスト　フクイヒロシ
編集協力　村田亘
印刷・製本　藤原印刷株式会社

ISBN978-4-491-03098-2　Printed in Japan